HARRAP'S

ITALIAN
pocket
VOCABULARY

Mc Graw Hill

New York Chicago San Francisco Lisbon London Madrid Mexico City
Milan New Delhi San Juan Seoul Singapore Sydney Toronto

ISBN 978-0-07-162791-7
MHID 0-07-162791-X

McGraw-Hill books are available at special quantity discounts to use as
premiums and sales promotions or for use in corporate training programs.
To contact a representative, please visit the Contact Us pages at
www.mhprofessional.com.

Translation: Debora Mazza
Project Editors: Alex Hepworth, Kate Nicholson
With Helen Bleck

Designed by Chambers Harrap Publishers Ltd, Edinburgh
Typeset in Rotis Serif and Meta Plus by Macmillan Publishing Solutions

CONTENTS

Contents

Introduction

This Italian vocabulary book from Chambers has been compiled to meet the needs of those who are learning Italian and is particularly useful for those taking school examinations.

This new, fully revised edition has been updated and expanded to contain over 7,500 vocabulary items in 66 subject areas, so users have all the language needed for a particular topic at their fingertips. Words are grouped thematically within each section, followed by example sentences showing vocabulary in context and illustrating tricky structures. All the vocabulary items included are entirely relevant to modern Italian, and informal expressions (labelled *Inf*) are also shown.

Boxed notes draw the user's attention to points of difficulty or confusion, while brand-new 'Homework help' sections provide inspiration for essay writing or oral presentations. Finally, this new edition features a smart, colour design to make consultation even easier and more enjoyable.

An index of approximately 2,000 words has been built up with specific reference to school exam requirements. This index is given in English with cross-references to the section of the book where the Italian vocabulary item is given.

Abbreviations used in the text:

m	masculine
f	feminine
pl	plural
inv	invariable
Inf	informal
®	registered trade mark

1 PER DESCRIVERE LE PERSONE

DESCRIBING PEOPLE

essere	to be
avere	to have
sembrare	to look, to seem
aver(e) l'aria	to look
pesare	to weigh
descrivere	to describe
abbastanza	quite
piuttosto	rather
molto	very
tanto	very
troppo	too
un po'	a little, a bit
giovane	young
vecchio	old
anziano	elderly
foruncoloso	spotty
bello	beautiful, good-looking
carino	pretty; sweet, cute
brutto	ugly
stiloso	stylish
alla moda	trendy
trasandato	scruffy
destro	right-handed
mancino	left-handed

la descrizione	description
l'aspetto	appearance
l'aria	appearance, look
gli occhiali	glasses
un piercing	piercing
un tatuaggio	tattoo

la statura e il peso — height and weight

la taglia	size
alto	tall
basso	small
di media statura	of average height
grasso	fat
magro	thin, skinny
snello	slim
sovrappeso	overweight
formoso	curvy
robusto	well-built
tracagnotto	stocky
muscoloso	muscular

la pelle — skin

la carnagione	complexion
un brufolo	spot
un foruncolo	boil
un neo	mole, beauty spot
le lentiggini	freckles
le rughe	wrinkles
le fossette	dimples

abbronzato	sun-tanned
pallido	pale
bianco	white
nero	black
orientale	Oriental
meticcio	mixed-race
rugoso	wrinkled

i capelli — hair

avere i capelli ...	to have ... hair
corti	short
lunghi	long
alle spalle	shoulder-length
ricci	curly
crespi	frizzy
mossi	wavy
lisci	straight
dritti	straight
biondi	blonde/fair
castani	brown
neri	black
rossi	red
grigi	grey
bianchi	white

essere ...	to be ...
biondo	blonde/fair-haired
bruno	dark-haired
rosso	redheaded
calvo	bald

avere la frangia	to have a fringe
avere la testa rasata	to have a shaved head
avere i capelli a spazzola	to have a crew-cut
avere le mèche	to have highlights
la barba	beard
i baffi	moustache
il pizzetto	goatee

gli occhi — eyes

avere gli occhi ...	to have ... eyes
azzurri	blue
verdi	green

grigi	grey
castani	brown
color nocciola	hazel
neri	black

che tipo è?
what's he/she like?

potrebbe descriverlo/descriverla?
can you describe him/her?

quanto sei alto/a?
how tall are you?

sono alto/a un metro e 75
I'm 1.75 metres tall

quanto pesi?
how much do you weigh?

peso 70 chili
I weigh 70 kilos

l'uomo con la barba bianca
the man with the white beard

una donna con gli occhi azzurri
a woman with blue eyes

ha dei begli occhi
he's/she's got beautiful eyes

ha i capelli lunghi e biondi
he's/she's got long blonde hair

porta gli occhiali
he/she wears glasses

ha un piercing al sopracciglio
he's/she's got his/her eyebrow pierced

ha l'aria un po' strana
he/she looks a bit strange

ha un bel fisico
she's got a good figure

è molto bello
he's very attractive

è bellissima
she's gorgeous

See also sections

2 CLOTHES AND FASHION, 3 HAIR AND MAKE-UP, 4 THE HUMAN BODY, 6 HEALTH, ILLNESSES AND DISABILITIES *and* **63 DESCRIBING THINGS.**

2 | VESTITI E LA MODA
CLOTHES AND FASHION

vestirsi	to dress
svestirsi	to undress
mettersi	to put on
togliersi	to take off
infilarsi	to put on
levarsi	to take off
cambiarsi	to change
provarsi	to try on
portare	to wear
indossare	to wear
star(e) bene	to suit
andar(e) bene	to fit

i vestiti
clothes

un cappotto	coat *(full-length)*
un soprabito	overcoat
un impermeabile *(m)*	raincoat
una giacca a vento	anorak
un parka	parka
un K-way ® *(inv)*	cagoule
un giubbotto	bomber jacket
una giacca	jacket
una pelliccia	fur coat
un pile	fleece
una mantella	cape
un poncho	poncho
un abito da uomo	suit
un tailleur *(inv)*	(lady's) suit
uno smoking *(inv)*	dinner jacket

un panciotto	waistcoat
un'uniforme *(f)*	uniform
una divisa scolastica	school uniform
i pantaloni	trousers
i pantaloni svasati	flares
i calzoni	trousers
una salopette *(inv)*	dungarees
una tuta	track suit; overalls
i fuseaux	leggings
i (blue-)jeans	jeans
gli shorts	shorts
un vestito	dress
un abito	dress
un abito da sera	evening dress
una gonna	skirt
una minigonna	mini-skirt
una gonna scozzese	kilt
uno scamiciato	pinafore dress
un burka	burqa
una gonna pantalone	culottes
un golf *(inv)*	jumper
un maglione	sweater, heavy jumper
una dolcevita	polo-neck jumper
un golf scollato a V	V-neck jumper
un cardigan	cardigan
una maglietta	T-shirt
una T-shirt *(inv)*, una tee-shirt *(inv)*	T-shirt
una canottiera	vest top
una maglia	top
una maglia col cappuccio	hoodie, hooded top
una camicia	shirt
una camicetta	blouse

una camicia da notte	nightdress
un pigiama	pyjamas
una vestaglia	dressing gown
un accappatoio	bathrobe
un bikini ® *(inv)*	bikini
un costume da bagno	swimming costume; trunks
la biancheria intima	underwear
gli slip	(under)pants
le mutande	(under)pants
le mutandine	(lady's) pants
un perizoma	thong
i boxer	boxer shorts
un reggiseno	bra
una canottiera	vest
una felpa	sweatshirt
una sottogonna	underskirt
una sottoveste	petticoat
un reggicalze *(inv)*	suspenders
le calze	stockings; socks
un collant *(inv)*	tights
le calze a rete	fishnet tights
i calzini	(men's) socks
i calzettoni	(long) socks

le calzature — footwear

le scarpe	shoes
gli stivali	boots
gli stivali di gomma	Wellington boots
gli stivaletti	ankle boots
le scarpe da ginnastica	trainers
gli scarponi da sci	ski boots
i sandali	sandals
le espadrilles	espadrilles
gli infradito	flip-flops
le pantofole	slippers

un paio di	a pair of
la suola	sole
il tacco	heel
le scarpe senza tacco	flat shoes
i tacchi a spillo	stiletto heels
le scarpe con la zeppa	platform shoes

gli accessori

accessories

un cappello	hat
un berretto	beret, cap
una bombetta	bowler (hat)
un cappello di paglia	straw hat
un cappello da sole	sun hat
una sciarpa	scarf *(long)*
un foulard *(inv)*	scarf *(square)*
i guanti	gloves
le muffole	mittens
una cravatta	tie
un farfallino	bow tie
le bretelle	braces
una cintura	belt
un colletto	collar
i polsini	cuffs
i gemelli	cufflinks
un fazzoletto	handkerchief
una tasca	pocket
un bottone	button
una (cerniera) lampo	zip
i lacci	shoelaces
un nastro	ribbon
una chinghia	strap
una fibbia	buckle
il velcro®	Velcro®
un ombrello	umbrella
una borsa	handbag

una borsetta	small handbag
un marsupio	bumbag

i gioielli — jewellery

un gioiello	piece of jewellery
la bigiotteria	costume jewellery
l'argento	silver
l'oro	gold
una pietra preziosa	precious stone
una perla	pearl
un diamante	diamond
uno smeraldo	emerald
un rubino	ruby
uno zaffiro	sapphire
una collana	necklace
una collana di perle	pearl necklace
un braccialetto	bracelet
un bracciale	bangle
un anello	ring
un anello d'oro	gold ring
gli orecchini	earrings
un anellino da naso	nose ring
un orecchino da naso	nose stud
una spilla	brooch
una catenina	chain
un ciondolo	pendant
un orologio	watch

la taglia — size

piccolo	small
medio	medium
grande	large
corto	short
lungo	long
largo	wide
ampio	loose-fitting

stretto	tight
aderente	(too) tight, clingy
la taglia	size
la vita	waist
il numero (di scarpe)	shoe size
la circonferenza dei fianchi	hip measurement
la circonferenza del petto	bust/chest measurement
la circonferenza della vita	waist measurement

la linea — style

un indossatore, un'indossatrice	model *(person)*
il modello	design
lo stile	style
il colore	colour
la sfumatura	shade
il motivo	pattern, motif
il disegno	design, pattern
la stoffa	material
il tessuto	fabric

in tinta unita	plain
stampato	printed
ricamato	embroidered
a quadretti	check(ed) *(small)*
a scacchi	check(ed) *(large)*
scozzese	tartan
a fiori	flowered, flowery
a pois	polka-dot
a righe	striped

elegante *(inv)*	elegant
sportivo	sporty, casual
casual *(inv)*	casual
trasandato	sloppy
semplice	simple
sobrio	sober
vistoso	loud

scollato	low-cut
di moda	fashionable
fuori moda	old-fashioned
in abito da sera	evening dress

la moda	**fashion**
la collezione (invernale)	(winter) collection
l'industria della moda	fashion industry
l'industria dell'abbigliamento	clothing industry
la sartoria	dressmaking
l'alta moda	haute couture, high fashion
gli abiti firmati	designer clothes
uno (una) stilista	fashion designer
un sarto, una sarta	tailor/dressmaker
un indossatore, un'indossatrice	model
la sfilata di moda	fashion show
la passerella	catwalk

---

dei calzini di cotone/di lana
cotton/woollen socks

è di pelle/di cuoio
it's (made of) leather

una gonna intonata a questa camicetta
a skirt that matches this shirt

che taglia porta?
what is your size?

che numero porta?
what is your shoe size?

vorrei qualcosa di meno caro
I'd like something cheaper

il rosso mi sta male
red doesn't suit me

questi pantaloni ti stanno proprio bene
these trousers suit you

questa giacca va bene
this jacket is a good fit

è vestita benissimo
she's very well dressed

See also sections

13 LIKES AND DISLIKES, 18 SHOPPING, 64 COLOURS *and*
65 MATERIALS.

3 | CAPELLI E IL TRUCCO
HAIR AND MAKE-UP

lavarsi i capelli	to wash one's hair
lavarsi la testa	to wash one's hair
pettinarsi	to comb/do one's hair
spazzolarsi i capelli	to brush one's hair
tingersi i capelli	to dye one's hair
farsi biondo/a	to dye one's hair blonde
farsi tagliare i capelli	to have a haircut
farsi tingere i capelli	to have one's hair dyed
(farsi) fare le mèche	to have highlights put in
(farsi) fare la messa in piega	to have one's hair curled
(farsi) fare la permanente	to have a perm
farsi lisciare i capelli	to have one's hair straightened
farsi mettere le estensioni (ai capelli)	to have extensions put in
asciugarsi i capelli	to dry one's hair
tagliare	to cut
spuntare	to trim
truccarsi	to put one's make-up on
struccarsi	to remove one's make-up
farsi fare il trucco	to have a makeover
farsi fare la pulizia del viso	to have a facial
mettersi il profumo	to put on perfume
profumarsi	to put on perfume
mettersi lo smalto	to put on nail varnish
farsi fare la manicure	to have a manicure
farsi fare il pedicure	to have a pedicure
radersi	to shave *(face)*
depilarsi	to shave *(body)*
depilarsi le gambe (con il rasoio)	to shave one's legs
farsi fare la ceretta alle gambe	to have one's legs waxed

farsi depilare l'inguine	to have one's bikini line done
farsi fare la (depilazione) brasiliana	to have a Brazilian wax
farsi la ceretta	to wax
sfoltirsi le sopracciglia	to pluck one's eyebrows

le acconciature — hairstyles

avere i capelli ...	to have ... hair
fini	fine
folti	thick
tinti	dyed
grassi	greasy
secchi	dry
un taglio (di capelli)	(hair)cut
una permanente	perm
un ricciolo	curl
una ciocca (di capelli)	lock (of hair)
le mèche	highlights
la frangia	fringe
la riga	parting
una coda di cavallo	ponytail
uno chignon *(inv)*	bun
una treccia	plait, pigtail
i codini	bunches
un pettine	comb
una spazzola (per i capelli)	hairbrush
un fermacapelli *(inv)*	hairslide
un bigodino	roller, curler
un fon	hairdryer
un arricciacapelli *(inv)*	tongs
una piastra lisciante	hair straighteners
una parrucca	wig
uno sciampo, uno shampoo *(inv)*	shampoo
un balsamo	conditioner
i prodotti per capelli	styling products

il gel *(inv)*	gel
la mousse	mousse
la lacca	hairspray
il fissatore	hairspray
la cera	wax

i cosmetici — make-up

la crema per il viso	face cream
la crema idratante	moisturizer
il burro di cacao	lip balm
la cipria	powder
un portacipria *(inv)*	compact
il fondotinta *(inv)*	foundation
il fard *(inv)*	blusher
il rossetto	lipstick
il lucidalabbra	lip gloss
una matita per le labbra	lip liner
il mascara *(inv)*	mascara
l'ombretto	eye-shadow
l'eye-liner *(inv)*	eyeliner
un piegaciglia	eyelash curlers
le pinzette	tweezers
la crema struccante	make-up remover
il latte detergente	cleanser
il tonico	toner
lo smalto per unghie	nail varnish
il solvente per lo smalto	nail varnish remover
una limetta da unghie	nail file
il profumo	perfume
l'acqua di colonia	cologne
il deodorante	deodorant
l'abbronzatura artificiale	fake tan
un lettino abbronzante	sunbed

la rasatura — shaving

la barba	beard
i baffi	moustache

un rasoio	razor
una lametta da barba	razor blade
la schiuma da barba	shaving foam
il dopobarba *(inv)*	after-shave
i peli	hair (on face, body)
la ceretta	waxing
l'elettrolisi *(f)*	electrolysis

ha la forfora	**porta le trecce**
he/she has dandruff	she wears her hair in plaits
si trucca moltissimo	**mi faccio la lampada**
she wears a lot of make-up	I go on a sunbed

See also section

1 DESCRIBING PEOPLE.

4 IL CORPO UMANO
THE HUMAN BODY

le parti del corpo	parts of the body
la testa	head
il capo	head
il collo	neck
la gola	throat
la nuca	nape of the neck
la spalla	shoulder
il petto	chest, bust
il seno	breasts
lo stomaco	stomach *(above waist)*
il ventre	stomach *(below waist)*
la schiena	back
il braccio *(pl* le braccia)	arm
il gomito	elbow
la mano *(pl* le mani)	hand
il polso	wrist
il pugno	fist
il dito *(pl* le dita)	finger
il mignolo	little finger
l'indice *(m)*	index finger
il pollice	thumb
un'unghia	nail
la vita	waist
il fianco	hip *(area)*
l'anca	hip *(bone)*
il sedere	bottom
le natiche	buttocks
la gamba	leg
la coscia	thigh
il ginocchio *(pl* le ginocchia)	knee

il polpaccio	calf
la caviglia	ankle
il piede	foot
il tallone	heel
il calcagno	heel
un dito del piede	toe
l'alluce *(m)*	big toe
un organo	organ
un arto	limb
un muscolo	muscle
l'osso *(pl* le ossa)	bone
lo scheletro	skeleton
la colonna vertebrale	spine
una costola	rib
la carne	flesh
la pelle	skin
il cuore	heart
i polmoni	lungs
il fegato	liver
i reni	kidneys
la vescica	bladder
il sangue	blood
una vena	vein
un'arteria	artery

la testa — the head

il cranio	skull
il cervello	brain
i capelli	hair
la faccia	face
il viso	face
i tratti (del viso)	features
le rughe	lines, wrinkles
la fronte	forehead
la tempia	temple
le sopracciglia	eyebrows
le ciglia	eyelashes

un'occhio	eye
le palpebre	eyelids
il naso	nose
la narice	nostril
la guancia	cheek
lo zigomo	cheekbone
la mascella	jaw *(upper)*
la bocca	mouth
le labbra	lips
la lingua	tongue
un dente	tooth
un dente del giudizio	wisdom tooth
il mento	chin
una fossetta	dimple
un orecchio (*pl* gli orecchi/ le orecchie)	ear

See also sections

6 HEALTH, ILLNESSES AND DISABILITIES *and* **7 MOVEMENTS AND GESTURES.**

5 COME TI SENTI?

HOW ARE YOU FEELING?

sentirsi	to feel
stare	to be, to feel
stare/sentirsi bene	to be/feel well, to be/feel fine
stare/sentirsi poco bene	to be/feel unwell
avere la nausea	to feel sick/queasy
avere ...	to be ...
caldo	warm
(molto) caldo	hot
freddo	cold
fame	hungry
una fame da lupo	starving
sete	thirsty
sonno	sleepy
affamato	starving
in (gran) forma	(very) fit, on (top) form
pieno di energia	full of energy
stanco	tired
esausto	exhausted
debole	weak
fragile	frail
delicato	delicate
sano	healthy
in salute	in good health
ammalato	sick, ill
malato	sick, ill
sveglio	alert, awake
agitato	agitated
mezzo addormentato	half-asleep
addormentato	asleep

bagnato fradicio	soaked
gelato	frozen
troppo	too
completamente	totally

ha l'aria stanca he/she looks tired	**mi sento debole** I feel weak
hai abbastanza caldo? are you warm enough?	**ho un gran caldo** I'm too hot
sto gelando! I'm freezing!	**ho una fame da morire!** I'm starving!
sono stanco morto/stanca morta I'm exhausted	
non ne posso più! I've had enough!	**sono distrutto/a** I'm worn out
non mi sento bene I don't feel well	**è in gran forma** he's/she's on top form
Inf **mi sento giù di tono** I feel quite rough	

See also section

6 HEALTH, ILLNESSES AND DISABILITIES.

6 LA SALUTE, LE MALATTIE E LE INFERMITÀ

HEALTH, ILLNESSES AND DISABILITIES

stare ...	to be ...
bene	well
poco bene	not very well
male	unwell, ill
meglio	better
ammalarsi	to fall ill
prendere	to catch
avere ...	to have ...
(il) mal di stomaco	a stomach ache
(il) mal di testa	a headache
(il) mal di gola	a sore throat
(il) mal di schiena	backache
(il) mal d'orecchi	earache
(il) mal di denti	toothache
aver la nausea	to feel sick/queasy
avere le mestruazioni	to have one's period
avere i dolori mestruali	to have period pain
avere dei dolori	to be in pain
soffrire (di)	to suffer (from)
avere il raffreddore	to have a cold
soffrire di (mal di) cuore	to have a heart condition
essere malato di cuore	to have heart disease
avere un tumore al seno/alla pelle/ai polmoni	to have breast/skin/lung cancer
avere il diabete	to have diabetes

26

rompersi una gamba	to break one's leg
slogarsi una caviglia	to sprain one's ankle
farsi male alla schiena	to hurt one's back
far male	to hurt
sanguinare	to bleed
vomitare	to vomit
tossire	to cough
starnutire	to sneeze
sudare	to sweat
tremare	to shake
avere i brividi	to shiver
avere la febbre	to have a temperature
svenire	to faint
essere in coma	to be in a coma
curare	to treat
assistere	to nurse
prendersi cura di	to take care of
chiamare	to call
far venire	to send for
prendere un appuntamento	to make an appointment
visitare	to examine
ordinare	to prescribe
operare	to operate
farsi operare	to have an operation
farsi togliere le tonsille	to have one's tonsils taken out
essere operato di appendicite	to have one's appendix taken out
farsi estrarre un dente	to have a tooth taken out
partorire	to give birth
rifarsi il naso	to have a nose job
rifarsi il seno	to have breast implants
essere ricoverato (in ospedale)	to be admitted to hospital
fare una radiografia	to have an X-ray
medicare una ferita	to dress a wound
amputare	to amputate
togliere	to remove

fare una rianimazione cardiopolmonare	to perform CPR
aver(e) bisogno di	to need
prendere	to take
riposarsi	to rest
essere in convalescenza	to be convalescing
guarire	to heal; to recover
essere a dieta	to be on a diet
dimagrire	to lose weight
gonfiarsi	to swell
infettarsi	to become infected (wound)
peggiorare	to get worse
morire	to die
ammalato	ill, sick
malato	ill, sick
debole	weak
guarito	cured
in salute	in good health
vivo	alive
incinta	pregnant
allergico (a)	allergic (to)
anemico	anaemic
diabetico	diabetic
stitico	constipated
doloroso	painful
contagioso	contagious
grave	serious
infetto	infected (wound)
contagiato	infected (person)
gonfio	swollen
rotto	broken
fratturato	broken
slogato	sprained

le malattie — illnesses

la malattia	illness
il dolore	pain
il crampo	cramp
un'epidemia	epidemic
un attacco	fit, attack
una ferita	wound
una distorsione	sprain
una slogatura	sprain; dislocation
una frattura	fracture
un'emorragia	haemorrhage
una perdita di sangue	bleeding
il sangue da naso	nosebleed
la febbre	fever, temperature
la temperatura	temperature
il singhiozzo	hiccups
la tosse	cough
il polso	pulse
il respiro	breathing
il sangue	blood
il gruppo sanguigno	blood group
la pressione (del sangue)	blood pressure
l'acidità di stomaco	indigestion
l'AIDS *(mf)*	AIDS
un'allergia	allergy
l'appendicite *(f)*	appendicitis
l'artrite *(f)*	arthritis
l'asma	asthma
una bronchite	bronchitis
il cancro	cancer
un'insolazione	sunstroke
la commozione cerebrale	concussion
la diarrea	diarrhoea
l'emicrania	migraine
l'epilessia	epilepsy

un esaurimento nervoso	nervous breakdown
il raffreddore da fieno	hay fever
un ictus	stroke
un infarto	heart attack
un attacco cardiaco	heart attack
un'infezione	infection
un'infezione alla gola	throat infection
l'influenza	flu
l'influenza aviaria	bird flu
la leucemia	leukaemia
il mal di stomaco	upset stomach
il mal di testa	headache
la meningite	meningitis
il morbillo	measles
gli orecchioni	mumps
la polmonite	pneumonia
i postumi della sbornia	hangover
la rabbia	rabies
il raffreddore	cold
i reumatismi	rheumatism
la rosolia	German measles
la stitichezza	constipation
il tifo	typhoid
la tubercolosi	TB
la varicella	chickenpox
le mestruazioni	period
il travaglio	labour
il parto	childbirth
un cesareo	Caesarean (section)
un aborto	abortion; miscarriage
la fecondazione assistita	IVF
un bambino in provetta	test-tube baby

la pelle   the skin

una scottatura	burn; sunburn
un taglio	cut

un graffio	scratch
un'escoriazione	graze
una puntura (d'insetto)	(insect) bite
una morsicatura	bite *(snake)*
il prurito	itch
un'eruzione	rash
l'acne *(f)*	acne
un foruncolo	spot
un porro	wart
una verruca	verruca
un callo	corn
una bolla	blister
una vescica	blister
un livido	bruise
una cicatrice	scar
un ascesso	abscess
un'ulcera	ulcer

le cure — treatments

la medicina	medicine
l'igiene *(f)*	hygiene
la salute	health
un trattamento	(course of) treatment
una terapia	therapy, treatment
le cure	health care
l'assicurazione sanitaria privata	private health care
la mutua	state health care
l'ospedale *(m)*	hospital
la clinica	clinic
il consultorio	family planning clinic
l'ambulatorio	(doctor's) surgery
un appuntamento	appointment
una ricetta (medica)	prescription
la convalescenza	convalescence
la guarigione	recovery
la morte	death

il pronto soccorso	first aid
un'ambulanza	ambulance
una barella	stretcher
un termometro	thermometer
una flebloclisi *(inv)*	drip
un'ingessatura	plaster cast
una sedia a rotelle	wheelchair
le stampelle	crutches
un'operazione *(f)*	operation
un intervento	surgery, operation
un'anestesia	anaesthetic
i punti	stitches
una trasfusione di sangue	blood transfusion
una radiografia	X-ray
un'iniezione *(f)*	injection
una puntura	injection, jab
una vaccinazione	vaccination
la chemioterapia	chemotherapy
la radioterapia	radiotherapy
la chirurgia estetica	cosmetic surgery
la chirurgia plastica	plastic surgery
un lifting	facelift
la liposuzione	liposuction
una dieta	diet
un dottore, una dottoressa	doctor
un medico generico	GP
uno (una) specialista	specialist
un ottico	optician
un chirurgo	surgeon
un'infermiera, un infermiere	nurse
un (una) paziente	patient

i farmaci **medicines**

la medicina	medicine
un farmaco	drug

una farmacia	chemist's
gli antibiotici	antibiotics
un analgesico	painkiller
un'aspirina	aspirin
un sedativo	sedative
un calmante	tranquillizer
un sonnifero	sleeping tablet
un lassativo	laxative
le vitamine	vitamins
lo sciroppo per la tosse	cough mixture
una pastiglia	pastille, lozenge
una compressa	tablet
una pillola	pill
le gocce	drops
un disinfettante	antiseptic
una pomata	ointment
la penicillina	penicillin
il cotone idrofilo	cotton wool
un gesso	plaster
una benda	bandage, dressing
un cerotto	sticking plaster
un assorbente igienico	sanitary towel
un tampone	tampon
la contraccezione	contraception
la pillola	(contraceptive) pill
la pillola del giorno dopo	morning-after pill
un preservativo	condom

dal dentista

at the dentist's

un (una) dentista	dentist
uno studio dentistico	dental surgery
un dente	tooth
una dentiera	dentures
una carie	decay
un'estrazione *(f)*	extraction
un'otturazione *(f)*	filling
la placca batterica	plaque

6 La Salute, Le Malattie e Le Infermità

un'afta	mouth ulcer
un apparecchio	brace

le infermità — **disabilities**

disabile	disabled
Down	Down's syndrome *(adj)*
cieco	blind
daltonico	colour-blind
miope	short-sighted
presbite	long-sighted
duro d'orecchio	hard of hearing
sordo	deaf
non udente	hearing-impaired
sordomuto	deaf-mute
invalido	disabled
mutilato	maimed
zoppo	lame

un (una) disabile	disabled person
un (h)andicappato, un'(h)andicappata (mentale)	person with a learning disability
un cieco, una cieca	blind person
un bastone	stick
un apparecchio acustico	hearing aid
gli occhiali	glasses
le lenti a contatto	contact lenses

come si sente?
how are you feeling?

non mi sento (molto) bene
I don't feel very well

ho la nausea/il vomito
I feel sick

mi gira la testa
I feel dizzy

dove le fa male?
where does it hurt?

ho mal di gola
I've got a sore throat

mi fa male il ginocchio
my knee hurts

mi fanno male gli occhi
my eyes are sore

non è niente di grave
it's nothing serious

mi sono misurato/a la febbre
I took my temperature

ha la febbre a 38, ha 38 di febbre
he's/she's got a temperature of 101

ho il naso tappato/che cola
I've got a blocked-up/runny nose

ha fatto/avuto un'operazione all'occhio
he/she had an eye operation

devo essere operato/a al ginocchio
I'm going to have an operation on my knee

è incinta di sei settimane
she's six weeks pregnant

ha ricevuto i primi soccorsi
they gave him/her first aid

è in coma
he's/she's in a coma

è in ospedale
he's/she's in hospital

ha qualcosa contro/per …?
have you got anything for …?

mi sento meglio
I'm feeling better

guarisci presto!
get well soon!

Inf **stavo da cani!**
I was in agony!

Inf **sono soggetto/a al mal di pancia**
I've got a bit of a dodgy tummy

Note

False friends: the Italian word sano/a means 'healthy'. The word for 'sane' is sano/a di mente.

The Italian word ricoverare means 'to hospitalise'. The word for 'to recover' is guarire.

See also section

4 THE HUMAN BODY.

7 I MOVIMENTI E I GESTI
MOVEMENTS AND GESTURES

andare e venire	comings and goings
andare	to go
apparire	to appear
arrivare	to arrive
zoppicare	to limp
continuare	to continue, to go on
correre	to run
passare davanti (a)	to pass, to go past
scendere (le scale)	to go/come down(stairs)
scendere (da)	to get off
sparire	to disappear
entrare (in)	to go/come in(to)
precipitarsi (in)	to rush in
rimanere inchiodato sul posto	to be rooted to the spot
camminare avanti e indietro	to pace up and down
(andare a) fare una passeggiata	to go for a walk
slittare	to slide (along)
camminare	to walk
camminare a grandi passi	to stride
camminare all'indietro	to walk backwards
salire (le scale)	to go up(stairs)
salire (su)	to get on
andarsene	to go away
attraversare	to go through, to cross
indietreggiare	to move back
ridiscendere	to go back down
tornar su/giù	to go back up/down
ripartire	to set off again
rientrare	to go/come back (in/home)
uscire di nuovo	to go/come back out

rimanere	to stay, to remain
ritornare	to return, to go/come back
saltellare	to hop
saltare	to jump
fermarsi	to stop
andare a far due passi	to go for a stroll
andare a far un giro	to go for a stroll
andare a dormire	to go to bed
andare a letto	to go to bed
sdraiarsi	to lie down
affrettarsi	to hurry
avviarsi	to set off
uscire (da)	to come/go out (of)
seguire	to follow
sbucare all'improvviso	to appear suddenly
barcollare	to stagger
trascinarsi	to dawdle
bighellonare	to hang about
inciampare	to trip
venire	to come
l'arrivo	arrival
la partenza	departure
l'inizio	beginning
la fine	end
l'ingresso	entrance *(action)*
l'entrata	entrance *(way in)*
l'uscita	exit, way out
il ritorno	return
la traversata	crossing *(sea)*
l'attraversamento	crossing *(road)*
una passeggiata	walk, stroll
un giro (a piedi)	walk, stroll
un passo	step
un giro	stroll
il riposo	rest

un salto	jump
un sobbalzo	start
passo passo	step by step
in punta di piedi	on tiptoe

le azioni — actions

afferrare	to catch
abbassare	to lower, to pull down
muoversi	to move
cominciare	to start
togliere	to remove
chiudere	to close
finire	to finish
colpire	to hit
urtare	to knock
tirare	to throw
lanciare	to throw, to hurl
buttare via	to throw away
far cadere	to drop
alzare	to lift, to raise
mettere	to put, to place, to set
portare	to carry, to bring, to take
aprire	to open
posare	to put down
spingere	to push
tirare	to pull
prendere	to take, to get, to fetch
ricominciare (da capo)	to start again
accovacciarsi	to squat down
inginocchiarsi	to kneel down
stirarsi	to stretch out
allungare	to stretch
appoggiarsi (contro/su/a)	to lean (against/on)
sedersi	to sit down
chinarsi	to stoop
alzarsi	to get/stand up
sporgersi (da)	to lean (out)

riposarsi	to (have a) rest
girarsi	to turn around
voltarsi	to turn (around)
far sussultare	to (give a) start
tener (stretto)	to hold (tight)
aggrapparsi (a)	to hang on (to)
toccare	to touch
trascinare	to drag

le posizioni — postures

seduto	sitting
in piedi	standing
appoggiato	leaning
appeso	hanging
accovacciato	squatting
inginocchiato	kneeling
in ginocchio	on one's knees
sdraiato	lying down
disteso	lying down, stretched out
a pancia in giù	lying face down
appoggiato (su/contro/a)	leaning (on/against)
carponi *(inv)*	on all fours

i gesti — gestures

abbassare gli occhi	to look down
sbattere le palpebre	to blink
dare un calcio (a)	to kick
dare un pugno (a)	to punch
dare uno schiaffo (a)	to slap
strizzare l'occhio	to wink
fare una smorfia	to make a face
fare le boccacce	to pull faces
fare segno	to make a sign
fare cenno	to make a sign
aggrottare le sopracciglia	to frown
alzare le spalle	to shrug (one's shoulders)
far (cenno) di sì con la testa	to nod

dare un'occhiata	to (cast a) glance
guardare in su	to look up
sollevare gli occhi	to raise one's eyes
indicare	to point at
ridere	to laugh
scuotere la testa	to shake one's head
sorridere	to smile
uno sbadiglio	yawn
una strizzatina d'occhio	wink
un'occhiata	glance
un calcio	kick
una pedata	kick
un pugno	punch
un gesto	gesture
uno schiaffo	slap
una smorfia	grimace
un'alzata di spalle	shrug
un cenno di sì con la testa	nod
un movimento	movement
una risata	laugh
un cenno	sign
un segnale	signal
un sorriso	smile

ci siamo andati in macchina
we went there by car

vado a scuola a piedi
I walk to school

sono uscito/a di corsa
I ran out

è entrato/a barcollando
he/she staggered in

è sceso/a di corsa giù per le scale
he/she ran downstairs

abbiamo fatto 10 chilometri a piedi
we walked 10 kilometres

mi sono avvicinato/a alle ragazze
I walked up to the girls

8 L'IDENTITÀ E L'ETÀ
IDENTITY AND AGE

il nome	**name**
chiamare	to name, to call
battezzare	to christen
chiamarsi	to be called
firmare	to sign
l'identità	identity
la firma	signature
il nome	name
il cognome	surname
il nome (di battesimo)	first name
il cognome da ragazza	maiden name
il cognome da nubile	maiden name
il soprannome	nickname
le iniziali	initials
il signor (sig.) Rossi	Mr Rossi
la signora (sig.ra) Rossi	Mrs Rossi
la signorina (sig.na) Rossi	Miss Rossi
i signori	gentlemen
le signore	ladies
la nazionalità	nationality
il luogo di nascita	birthplace
la data di nascita	date of birth
l'età *(f inv)*	**age**
giovane	young
vecchio	old
minorenne	minor
maggiorenne	of age
l'infanzia	childhood
la gioventù	youth

l'adolescenza	adolescence
la vecchiaia	old age
la data di nascita	date of birth
il compleanno	birthday
un bambino, una bambina	child, baby
un (un')adolescente	teenager
un adulto	adult
i grandi	grown-ups
i piccini	little ones
un (una) giovane	young person
i giovani	young people
una ragazza	girl, young woman
un ragazzo	boy, young man
una persona anziana	old person
una vecchia	old woman
un vecchio	old man
le persone anziane	old people
un pensionato, una pensionata	pensioner

i sessi | sexes

una donna	woman
un uomo (*pl* degli uomini)	man
un signore, una signora	gentleman/lady
un ragazzo, una ragazza	boy/girl
maschile	masculine
femminile	feminine
maschio	male
femmina	female

lo stato civile | marital status

nascere	to be born
morire	to die
sposare	to marry
sposarsi (con)	to get married (to)
fidanzarsi (con)	to get engaged (to)
divorziare (da)	to get a divorce (from)
rompere il fidanzamento	to break off one's engagement

celibe	single *(man)*
nubile	single *(woman)*
sposato	married
fidanzato	engaged
divorziato	divorced
separato	separated
vedovo	widowed
il marito	husband
la moglie	wife
l'ex marito, la ex moglie	ex-husband/ex-wife
il fidanzato, la fidanzata	fiancé(e)
il compagno, la compagna	partner
il (la) convivente	live-in partner
lo sposo, la sposa	groom/bride
gli sposini	newly-weds
un vedovo, una vedova	widower, widow
un orfano, una orfana	orphan
un figlio adottivo	adopted child
una cerimonia	ceremony
la nascita	birth
il battesimo	christening
la vita	life
la morte	death
un funerale	funeral
un matrimonio	wedding
un fidanzamento	engagement
un divorzio	divorce

l'indirizzo — address

abitare	to live
vivere	to live
prendere in affitto	to rent
dare in affitto	to let
l'indirizzo	address
il domicilio	home address
il piano	floor, storey

il codice (di avviamento) postale (C.A.P.)	postcode
il numero	number
il numero di telefono	phone number
un elenco del telefono	telephone directory
un proprietario	owner
un padrone di casa	landlord
un inquilino	tenant
un vicino, una vicina (di casa)	neighbour
in centro	in town
in periferia	in the suburbs
in campagna	in the country

la religione / religion

cattolico	Catholic
protestante	Protestant
cristiano	Christian
indù	Hindu
mussulmano	Muslim
ebreo, ebraico	Jewish
buddista	Buddhist
ateo	atheist

---

come ti chiami/si chiama?
what is your name?

mi chiamo Paolo Rossi
my name is Paolo Rossi

come ti chiami di nome?
what is your first name?

si chiama Maria
her name is Maria

come si scrive?
how do you spell that?

dove abiti?
where do you live?

abito a Firenze/in Italia
I live in Florence/in Italy

abito in via Giotto (al) 27
I live at 27 via Giotto

abito qui da un anno/dal 1995
I've been living here for a year/since 1995

abito a casa di Marco
I'm living at Marco's

è al terzo piano
it's on the third floor

quanti anni hai?
how old are you?

ho vent'anni
I'm twenty (years old)

quando sei nato/a?
when were you born?

il primo marzo 1960
the first of March 1960

in che anno sei nato/a?
what year were you born in?

sono nato/a a Venezia nel 1968
I was born in Venice in 1968

un bambino/una bambina di un mese
a one-month-old baby

un ragazzo/un bambino di otto anni
an eight-year-old child

una ragazza di sedici anni, una sedicenne
a sixteen-year-old girl

un uomo di mezza età
a middle-aged man

una persona anziana
an elderly person

una donna sulla trentina
a woman of about thirty

ha tra i trenta e i quarant'anni
he's/she's in his/her thirties

dev'essere vicino alla sessantina
he/she must be in his/her late fifties

dimostra sedici anni
he/she looks about sixteen

Inf **è vecchissima!**
she's ancient!

Note

False friend: the Italian word nubile means 'single' or 'unmarried'. The word 'nubile', meaning 'attractive', is translated as attraente.

See also section

31 FAMILY AND FRIENDS.

9 IL LAVORO E LE PROFESSIONI

WORK AND JOBS

Words marked with an asterisk* can be used to refer to both men and women without the grammatical gender changing.

lavorare	to work
avere intenzione di	to intend to
interessarsi (di)	to be interested (in)
studiare	to study
essere ambizioso	to be ambitious
avere esperienza	to have experience
non avere molta esperienza	to lack experience
essere disoccupato	to be unemployed
cercare lavoro	to look for work
fare una domanda d'impiego	to apply for a job
scartare	to reject *(applicant)*
accettare	to accept
assumere	to take on
trovare un lavoro	to find a job
trovare un impiego	to find a job
essere di turno	to be on duty
lavorare in proprio	to be self-employed
riuscire	to be successful
guadagnare	to earn
guadagnarsi la vita	to earn a living
pagare	to pay
prendere le ferie	to take a holiday
prendere un giorno di ferie	to take a day off
licenziare	to lay off
licenziarsi	to resign

dare le dimissioni	to hand in one's notice
andarsene	to leave
andare in pensione	to retire
essere in sciopero	to be on strike
scioperare	to go on strike
difficile	difficult
facile	easy
interessante	interesting
appassionante	exciting
importante	important
stimolante	challenging
gratificante	rewarding
utile	useful
noioso	boring
pericoloso	dangerous
impegnativo	demanding
stressante	stressful

le professioni

people at work

un addetto ai traslochi	removal man
un addetto/una addetta stampa	press officer
un (un')agente di cambio	stockbroker
un (un')agente di polizia	police officer
un (un')agente di viaggio	travel agent
un (un')agente immobiliare	estate agent
un agricoltore	farmer
un ambasciatore, un'ambasciatrice	ambassador
un annunciatore, un'annunciatrice	newsreader, announcer
un architetto*	architect
un arredatore, un'arredatrice	interior designer
un artigiano, un'artigiana	craftsman/craftswoman
un (un')artista	artist
un (un')assistente di volo	flight attendant
un (un')assistente personale	PA
un (un')assistente sociale	social worker
un (un')astronauta	astronaut

un astronomo, un'astronoma	astronomer
un attore, un'attrice	actor/actress
un (un')autista	driver; bus driver
un avvocato*	lawyer; solicitor
un (una) babysitter	childminder
un (una) badante	carer (for an elderly or disabled person)
una bambinaia	nanny
un bibliotecario, una bibliotecaria	librarian
un bidello, una bidella	janitor (school)
un bracciante	farm labourer
un (una)broker (di) assicurazioni	insurance broker
un calzolaio	cobbler, shoe repairer
una cameriera	(chamber)maid
un cameriere, una cameriera	waiter/waitress
un (una) camionista	lorry driver
un (una) cantante	singer
un capitano	captain
il capo*	boss
un cassiere, una cassiera	cashier
uno chef (inv)	chef
un chirurgo*	surgeon
un comico	comedian
un (una) commerciante	dealer
un commesso, una commessa	salesperson, shop assistant
un consigliere, una consigliera	adviser
un (una) consulente	consultant
un controllore	ticket inspector
un (una) cronista	reporter (press)
un cuoco, una cuoca	cook
un (una) dentista	dentist
un direttore, una direttrice	director, manager
un direttore didattico, una direttrice didattica	head teacher (primary school)
un direttore d'orchestra	conductor
un (una) dirigente	executive

un disegnatore, una disegnatrice	designer
un divo, una diva	star
un (una) DJ	DJ
un docente universitario, una docente universitaria	university lecturer
un doganiere, una doganiera	customs officer
una donna d'affari	businesswoman
una donna delle pulizie	cleaner (f)
un dottore, una dottoressa	doctor
un editore, un'editrice	publisher
un educatore, un'educatrice	youth worker
un elettricista	electrician
un facchino	porter
un falegname	carpenter
un (una) farmacista	chemist
un fattorino	delivery man
un (una) fiorista	florist
un fisico*	physicist
un fornaio, una fornaia	baker
un fotografo, una fotografa	photographer
un frate	monk
un funzionario/una funzionaria statale	civil servant
un (una) garagista	garage owner
un giardiniere	gardener
un gioielliere, una gioielliera	jeweller
un giornalaio, una giornalaia	newsagent
un (una) giornalista	journalist
un giudice*	judge
un grafico, una grafica	graphic designer
una guida turistica*	tourist guide
un idraulico	plumber
un imbianchino	painter and decorator
un impiegato, un'impiegata	employee
un impiegato/un'impiegata di banca	bank clerk
un imprenditore edile	builder

un indossatore, un'indossatrice	model
un infermiere, un'infermiera	nurse
un ingegnere*	engineer
un (un')interinale	temp
un (un')interprete	interpreter
un istruttore, un'istruttrice	instructor
un lattaio, una lattaia	milkman/milkwoman
un lavoratore, una lavoratrice	worker
un libraio, una libraia	bookseller
un (una) macchinista	train driver
un macellaio, una macellaia	butcher
un maestro, una maestra	primary-school teacher
un maestro/una maestra d'asilo	nursery teacher
un manovale	labourer *(on roads)*
un marinaio	sailor
una maschera*	usher
un meccanico	garage mechanic
un medico*	doctor
un minatore	miner
un muratore	bricklayer
un (una) musicista	musician
un (una) negoziante	shopkeeper
un notaio, una notaia	solicitor
un operatore/un'operatrice di borsa	trader
un operatore umanitario, un'operatrice umanitaria	aid worker
un organizzatore/un'organizzatrice di eventi	event organizer
un ortolano, un'ortolana	greengrocer
un'ostetrica	midwife
un ottico*	optician
un parroco	priest
un parrucchiere, una parrucchiera	hairdresser
un pasticciere, una pasticciera	confectioner
un pastore (protestante)	minister
un pescatore	fisherman

un pescivendolo, una pescivendola	fishmonger
un (una) pilota	pilot
un pittore, una pittrice	painter *(artist)*
un politico*	politician
un poliziotto, una poliziotta	police officer
un pompiere	firefighter
una popstar*	popstar
un portinaio, una portinaia	caretaker, porter
un postino, una postina	postman/postwoman
un presentatore, una presentatrice	(TV) presenter
un (una) preside	head teacher *(secondary school)*
un prete	priest
un professore, una professoressa	secondary-school teacher
un programmatore, una programmatrice	computer programmer
uno (una) psichiatra	psychiatrist
uno psicologo, una psicologa	psychologist
un rabbino	rabbi
un ragioniere/una ragioniera	accountant
un (una) rappresentante (di commercio)	sales representative
un (una) receptionist *(inv)*	receptionist *(in hotel)*
un redattore, una redattrice	editor *(of text)*
un (una) regista	film director
un sacerdote	priest
un sarto, una sarta	tailor/dressmaker
uno scienziato, una scienziata	scientist
uno scrittore, una scrittrice	writer
un segretario, una segretaria	secretary
un soldato	soldier
uno spazzino	dustman
uno (una) stilista	fashion designer
uno studente, una studentessa	student
una suora	nun
un (una) tassista	taxi driver
un tecnico	technician

un (una) telecronista	TV reporter
un traduttore, una traduttrice	translator
un ufficiale dell'esercito	army officer
un uomo d'affari	businessman
un uomo delle pulizie	cleaner (m)
un veterinario*	vet
un vigile del fuoco	firefighter
un volontario, una volontaria	volunteer

il mondo del lavoro — the workplace

un operaio, un'operaia	worker
un disoccupato, una disoccupata	unemployed person
un candidato, una candidata	job applicant, candidate
un datore di lavoro	employer
un (una) dipendente	employee
un (una) collega	colleague
la direzione	management
il personale	staff, personnel
un (un')apprendista	apprentice
un (una) tirocinante	trainee
uno (una) scioperante	striker
un pensionato, una pensionata	retired person, pensioner
un (una) sindacalista	trade unionist
la carriera	career
la professione	profession
il mestiere	occupation

gli affari — business

il lavoro	work, job
un impiego	job
un lavoro promettente	job with good prospects
un impiego temporaneo	temporary job
un lavoro part time (inv)	part-time job
un lavoro a tempo pieno	full-time job
i posti vacanti	vacancies
la situazione lavorativa	work situation

un posto	post, job
un corso di formazione professionale	training course
uno stage	internship, work placement
l'apprendistato	apprenticeship
il tirocinio	training *(in job)*
le qualifiche	qualifications
i requisiti	requirements
i titoli di studio	qualifications *(certificates)*
un certificato	certificate
un diploma	diploma
una laurea	degree
l'assunzione *(f)*	employment
un settore	sector
la ricerca	research
gli affari	business
l'industria	industry
una società *(inv)*	company
una fabbrica	factory
un'officina	workshop
un negozio	shop
un laboratorio	laboratory
un ufficio	office; department
un ufficio vendite	sales
un ufficio marketing	marketing
un ufficio risorse umane	HR
la contabilità	accounts
il servizio finanziario	finance
la direzione	management
il servizio clienti	customer service
le pubbliche relazioni	PR
il servizio informatico	IT
il lavoro	work
il congedo (per) maternità	maternity leave

il congedo (per) paternità	paternity leave
(il congedo per) malattia	sick leave
le ferie	paid holidays
un contratto (di lavoro)	contract (of employment)
una domanda di impiego	job application
una candidatura spontanea	speculative application
una candidatura su Internet	online application
un modulo	form
un cv	CV
una lettera d'accompagnamento	covering letter
un'inserzione	ad(vertisement)
le offerte d'impiego	situations vacant
lo stipendio	salary, pay, wages
un colloquio	interview
le competenze	skills
la conoscenza	knowledge
la capacità	ability
motivato	motivated
affidabile	reliable
coscienzioso	conscientious
creativo	creative
dinamico	dynamic
il lavoro di squadra	teamwork
lo spirito di iniziativa	initiative
le mansioni	duties
le responsabilità	responsibilities
il mansionario	job description
il reddito	income
i benefici accessori	perks
i buoni pasto	luncheon vouchers
una macchina aziendale	company car
l'indennità di trasferta *(inv)*	travel allowance
una promozione	promotion
l'orario flessibile	flexitime
la settimana di 40 ore	40-hour week

lo straordinario	overtime
la sicurezza del posto di lavoro	job security
le tasse	taxes
un aumento (di paga/di stipendio)	(pay) rise
un bonus	bonus
un viaggio d'affari	business trip
un biglietto da visita	business card
il licenziamento per eccesso di personale	redundancy
la pensione	pension
un sindacato	trade union
uno sciopero	strike
un computer	computer
una stampante	printer
un fax	fax machine
un centralino	switchboard
una fotocopiatrice	photocopier
gli articoli di cancelleria	stationery

che lavoro fa?
what does he/she do (for a living)?

fa il medico
he's/she's a doctor

lavora nel campo della pubblicità/delle assicurazioni
he/she works in advertising/insurance

che cosa vorresti fare da grande?
what would you like to be when you grow up?

ho intenzione di studiare medicina
I'm planning to study medicine

vorrei fare l'artista
I'd like to be an artist

per me quello che conta di più è lo stipendio
the most important thing for me is the pay

cerchiamo una segretaria con esperienza
we're looking for an experienced secretary

questo lavoro offre buone prospettive
this job has good prospects

la precarietà del lavoro è un problema
lack of job security is a problem

Inf **il mio lavoro mi stressa parecchio**
my job really stresses me out

Inf **li pagano una miseria**
they get paid peanuts

Note

★ 'To be responsible for' is translated into Italian using the preposition di:

la persona responsabile delle assunzioni
the person responsible for recruitment

★ *False friends:* the Italian word l'**agenda** *(f)* means 'diary'. The word for 'agenda' (eg for a meeting) is l'**ordine** *(m)* **del giorno**.

The Italian word il **sindacato** means '(trade) union'. The word for 'syndicate' is l'**associazione** *(f)*, il **consorzio**.

The word uno **stage** in Italian refers to an internship or work placement. It is actually a French word and should be pronounced as such; however many people pronounce it like the English word 'stage'.

The Italian word il **mobbing** is borrowed from English, but is used to refer to workplace bullying.

 *Homework help*

Your ambitions

I'd like to be a ...
Vorrei fare il/la ...

I'm going to be a ...
Voglio fare il/la ...

I'd like to work with children.
Mi piacerebbe lavorare con i bambini.

I'd like a job where I can help people/travel the world.
Mi piacerebbe fare un lavoro che mi permetta di aiutare gli altri/andare in giro per il mondo.

I want to use my languages.
Voglio usare le lingue che conosco.

I like a challenge.
Mi piacciono le sfide.

It's important to have nice colleagues/a good salary.
È importante avere dei colleghi simpatici/un buono stipendio.

I want to be rich/famous.
Voglio diventare ricco(a)/famoso(a).

Happiness is more important than money.
La felicità conta più dei soldi.

Job applications
  Asking for work

I would like to apply for the position of ...
Vorrei offrirmi per il posto di ...

I would like to apply for a work placement.
Vorrei offrirmi per uno stage.

I am writing to see if you have any vacancies.
Le scrivo per informarmi di eventuali posti vacanti.

Please find enclosed my CV.
Le invio in allegato il mio curriculum vitae.

I am available for an interview.
Sono disponibile per un colloquio.

Your skills and abilities

I am well organized.
Sono ben organizzato.

I am a good communicator.
Ho facilità di comunicazione.

I am very reliable/motivated.
Sono molto affidabile/motivato.

I work well under pressure.
Lavoro bene sotto pressione.

I like meeting people.
Mi piace incontrare la gente.

I enjoy working as part of a team.
Mi piace lavorare in squadra.

I have excellent IT skills.
Sono molto competente in informatica.

I speak fluent English/Italian.
Parlo correntemente l'inglese/l'italiano.

Your experience

I have experience of working in a shop/looking after children.
Ho già lavorato in un negozio/fatto il(la) babysitter.

I have a Saturday job in a café.
Il sabato lavoro in un bar.

I write for our school magazine.
Scrivo per il giornale della scuola.

I have designed my own website.
Ho disegnato io stesso il mio sito web.

10 Il Carattere e Il Comportamento

Character and behaviour

comportarsi	to behave
dominarsi	to control oneself
obbedire (a)	to obey
disobbedire (a)	to disobey
sgridare	to scold
prendersi una sgridata	to be told off
arrabbiarsi	to get angry
litigare	to have an argument
scusarsi	to apologize
punire	to punish
lasciare	to let
permettere di	to allow
proibire	to forbid
impedire	to prevent
perdonare	to forgive
ricompensare	to reward
osare	to dare
l'allegria	cheerfulness
l'arroganza	arrogance
la bravura	skilfulness
la buona condotta	good behaviour
il carattere	character
la cattiveria	nastiness, naughtiness
il comportamento	behaviour
la crudeltà	cruelty
la disobbedienza	disobedience
il dispetto	spite

l'educazione (f)	politeness
il fascino	charm
la follia	madness
la furbizia	craftiness
la gelosia	jealousy
la gentilezza	kindness
la gioia	delight, joy
l'imbarazzo	embarrassment
l'impazienza	impatience
un'ingiuria	insult
l'insolenza	insolence
un insulto	insult
l'intelligenza	intelligence
l'intolleranza	intolerance
l'invidia	envy
l'istinto	instinct
la luna	mood
la maleducazione	rudeness
la malizia	malice
l'obbedienza	obedience
l'onestà	honesty
l'orgoglio	pride
la pazienza	patience
la pazzia	madness
la pigrizia	laziness
la prudenza	caution
la punizione	punishment
la ramanzina	telling-off
il rancore	resentment
una ricompensa	reward
uno scherzo	trick
una scusa	apology, excuse
il senso dell'umorismo	sense of humour
la timidezza	shyness, timidity
la tristezza	sadness
l'umore (m)	mood

la vanità	vanity
la vergogna	embarrassment
la volgarità	coarseness
abile	skilful
accorto	shrewd, smart
affidabile	reliable
allegro	cheerful, joyful
amichevole	friendly
antipatico	unpleasant, disagreeable
arrabbiato	angry
arrogante	arrogant
astuto	cunning, wily
attento	careful
attivo	active
beneducato	polite
bravo	good
buffo	funny
buono	good
calmo	calm
carino	nice, pleasant
cattivo	bad, nasty, naughty
chiacchierone	talkative
comprensivo	understanding
contento	happy
coraggioso	brave
cordiale	friendly
cortese	polite
crudele	cruel
curioso	curious
delizioso	charming
di buon senso	sensible
discreto	discreet
(dis)obbediente	(dis)obedient
(dis)ordinato	(un)tidy
dispiaciuto	sorry

distratto	absent-minded
divertente	amusing
educato	polite
estroverso	outgoing
eterosessuale	straight *(heterosexual)*
falso	false
fantastico	terrific
felice	happy
gay	gay
geloso	jealous
gentile	kind
imbarazzato	embarrassed
impaziente	impatient
impulsivo	impulsive
inaffidabile	unreliable
indifferente	indifferent
infelice	unhappy
ingenuo	naive
insolente	insolent, cheeky
insopportabile	unbearable
instancabile	hard-working
intelligente	intelligent
intollerante	intolerant
invidioso	envious
irritante	annoying
istintivo	impulsive
lunatico	moody
maldestro	clumsy
maleducato	rude
malizioso	mischievous
modesto	modest
naturale	natural
noioso	boring
obbediente	obedient
omosessuale	gay, homosexual
onesto	honest
operoso	hard-working

orgoglioso	proud
ottimista	optimistic
paziente	patient
pazzo	mad
permaloso	touchy
pessimista	pessimistic
pieno di sé	boastful
pigro	lazy
povero	poor
prepotente	bossy
prudente	cautious
ragionevole	reasonable
rispettabile	decent, respectable
rispettoso	respectful
sciocco	silly
scontento	unhappy
sensibile	sensitive
serio	serious
sfacciato	cheeky
sicuro di sé	confident
simpatico	pleasant, nice
sorprendente	surprising
spiritoso	witty
strano	strange
straordinario	terrific
stupido	stupid
superbo	proud
sventato	scatterbrained
testardo	stubborn
timido	shy
tollerante	tolerant
tranquillo	quiet
triste	sad
vanitoso	vain
villano	rude
volgare	coarse
volubile	fickle

la trovo molto simpatica
I think she's very nice

ha un buon/cattivo carattere
he/she is good-/ill-natured

è di ottimo/pessimo umore
he's/she's in a (very) good/bad mood

mi ha fatto la gentilezza di prestarmi la macchina
he/she was kind enough to lend me his/her car

mi dispiace molto
I'm very sorry

mi scuso moltissimo
I do apologize

scusi se la disturbo
I'm sorry to disturb you

ha accettato le mie scuse
he/she accepted my apologies

ha chiesto scusa all'insegnante per essere stato insolente
he apologized to the teacher for being cheeky

Inf **era verde dall'invidia quando ha visto il mio completo nuovo!**
he/she was green with envy when he/she saw my new outfit!

Note

False friends: the Italian word lunatico means 'moody'. The word for 'lunatic' is pazzo/a.

The Italian word sensibile means 'sensitive'. The word for 'sensible' is ragionevole.

The Italian word un'ingiuria *(f)* means 'insult'. The word for a physical injury is una ferita.

The Italian word litigare means 'to have an argument', and has nothing to do with taking legal action.

11 LE EMOZIONI
EMOTIONS

la collera
anger

arrabbiarsi con qualcuno	to get angry with someone
perdere la pazienza	to lose one's temper
essere arrabbiato	to be angry
essere su tutte le furie	to be fuming
indignarsi per qualcosa	to get indignant about something
agitarsi	to get excited/worked up
gridare	to shout
colpire	to hit
dare uno schiaffo a	to slap *(on the face)*

la collera	anger
l'indignazione *(f)*	indignation
la tensione	tension
lo stress *(inv)*	stress
un grido	cry, shout

contrariato	annoyed, upset
arrabbiato	angry
furioso	furious
imbronciato	sulky
seccato	upset
seccante	annoying
noioso	boring

la tristezza
sadness

piangere	to weep, to cry
scoppiare in lacrime	to burst into tears
singhiozzare	to sob
sospirare	to sigh
addolorarsi (per)	to be distressed (by)

scioccare	to shock
sgomentare	to dismay
deludere	to disappoint
sconcertare	to disconcert
deprimere	to depress
commuovere	to move, to touch
colpire	to affect
turbare	to disturb, to trouble
aver pietà di	to take pity on
confortare	to comfort
consolare	to console
una lacrima	tear
un singhiozzo	sob
un sospiro	sigh
il dispiacere	grief
il dolore	sorrow
la tristezza	sadness
la delusione	disappointment
la disperazione	despair
la depressione	depression
la nostalgia	nostalgia; homesickness
la malinconia	melancholy
la sofferenza	suffering
il fallimento	failure
la sfortuna	bad luck
la disgrazia	misfortune
triste	sad
distrutto	shattered, worn out
deluso	disappointed
depresso	depressed
desolato	distressed
commosso	moved, touched
cupo	gloomy
affranto	heartbroken

paure e preoccupazioni

aver paura (di)	to be frightened (of)
temere	to fear
spaventare	to frighten
preoccuparsi (di)	to worry (about)
tremare	to tremble
avere il terrore di	to dread

il terrore	terror
lo spavento	fright
un brivido	shiver
uno shock *(inv)*	shock
un guaio	trouble
le ansie	anxieties
un problema	problem

pauroso	fearful
spaventato	afraid
spaventoso	frightening
morto di paura	petrified
preoccupato	worried
nervoso	nervous, tense
ansioso	anxious
apprensivo	apprehensive, worried

la gioia e la felicità

joy and happiness

divertirsi	to enjoy oneself
essere contentissimo (di)	to be delighted (about)
ridere (di/per)	to laugh (at)
scoppiare a ridere	to burst out laughing
ridere a crepapelle	to split one's sides with laughter
avere la ridarella	to have the giggles
sorridere	to smile
abbracciare	to hug
baciare	to kiss

la risata	laugh, laughter
uno scoppio di risa	burst of laughter
un sorriso	smile
un abbraccio	hug
un bacio	kiss
l'allegria	cheerfulness
la felicità	happiness
la gioia	joy
la soddisfazione	satisfaction
l'amore *(m)*	love
un amore a prima vista	love at first sight
la simpatia	liking
la fortuna	luck
il successo	success
la sorpresa	surprise
il piacere	pleasure
affezionato	affectionate
contento	pleased
felice	happy
innamorato	in love

---

gli ha fatto paura
he/she frightened him

ha paura dei cani
he's/she's frightened of dogs

sento molto la mancanza di mio fratello
I miss my brother very much

non ho affatto nostalgia di casa
I'm not homesick at all

beata lei!
lucky her!

è innamorato di Susanna
he's in love with Susanna

non stava più nella pelle dalla gioia
he/she was beside himself/herself with delight

Inf **mio padre si è incavolato da matti!**
my dad went ballistic

Inf **le sue barzellette mi fanno spanciare dal ridere!**
his jokes crack me up!

Note

False friends: the Italian word la delusione means 'disappointment'. The word for 'delusion' is un'illusione *(f)*.

The word il feeling is used in Italian, borrowed from the English, but it means 'rapport' or 'chemistry':

ho un ottimo feeling con loro
I have an excellent rapport
  with them

tra noi c'è feeling
there's chemistry between us.

12 I Cinque Sensi
The five senses

la vista	sight
vedere	to see
guardare	to look at, to watch
osservare	to observe
esaminare	to examine
rivedere	to see again
intravedere	to catch a glimpse of
dare un'occhiata a	to glance at
fissare	to stare at
sbirciare	to peek at
apparire	to appear
sparire	to disappear
riapparire	to reappear
guardare la televisione	to watch TV
accendere	to switch on (the light)
spegnere	to switch off (the light)
abbagliare	to dazzle
accecare	to blind
l'occhio	eye
la vista	sight *(sense)*; view
lo spettacolo	sight *(scene)*
la visione	vision
una veduta	view
il colore	colour
la luce	light
l'ombra	shade
la luminosità *(inv)*	brightness
l'oscurità *(inv)*	darkness
gli occhiali	glasses
gli occhiali da sole	sunglasses

le lenti a contatto	contact lenses
una lente d'ingrandimento	magnifying glass
un binocolo	binoculars
un microscopio	microscope
un telescopio	telescope
il braille	Braille
luminoso	bright *(room)*
chiaro	light
abbagliante	dazzling
scuro	dark

l'udito — hearing

sentire	to hear
ascoltare	to listen to
bisbigliare	to whisper
cantare	to sing
canticchiare a bocca chiusa	to hum
fischiare	to whistle
ronzare	to buzz
frusciare	to rustle
scricchiolare	to creak
suonare	to ring
tuonare	to thunder
assordare	to deafen
tacere	to be quiet
stare zitto	to keep quiet
sbattere la porta	to slam the door
l'orecchio (*pl* le orecchie, gli orecchi)	ear
l'udito	hearing
un rumore	noise
un suono	sound
il baccano	racket, din
il fracasso	racket, din
l'eco (*mf*)	echo
un bisbiglio	whisper

la voce	voice
una canzone	song
il canto	singing
il ronzio	buzzing
lo sfrigolio	crackling
un'esplosione	explosion
lo scricchiolio	creaking
una scampanellata	ringing *(of doorbell)*
uno squillo	ringing *(of telephone)*
un fruscio	rustling
un tonfo	thump, thud
un tuono	thunder
un altoparlante	loudspeaker
un citofono	intercom
una cuffia	earphones, headset
un walkman® *(inv)*	personal stereo, Walkman®
un walkman CD	personal CD player
un lettore MP3	MP3 player
una radio *(inv)*	radio
un lettore CD	CD player
le casse	speakers
l'alfabeto Morse	Morse code
i tappi per le orecchie	earplugs
un apparecchio acustico	hearing aid
rumoroso	noisy
silenzioso	silent
forte	loud
acuto	shrill
debole	faint
assordante	deafening
sordo	deaf
duro d'orecchio	hard of hearing

il tatto — touch

toccare	to touch
tastare	to feel

(ac)carezzare	to stroke
fare il solletico a	to tickle
strofinare	to rub
colpire	to knock, to hit
grattare	to scratch
il tatto	touch
una carezza	stroke
un colpo	blow
una stretta di mano	handshake
i polpastrelli	fingertips
liscio	smooth
ruvido	rough
morbido	soft
duro	hard
freddo	cold
caldo	warm, hot

il gusto — taste

assaggiare	to taste *(sample)*
bere	to drink
mangiare	to eat
leccare	to lick
sorseggiare	to sip
trangugiare	to gobble up
gustare	to savour
inghiottire	to swallow
deglutire	to swallow
masticare	to chew
salare	to salt
zuccherare	to sweeten
speziare	to spice (up)
il gusto	taste
la bocca	mouth
la lingua	tongue

la saliva	saliva
le papille gustative	taste buds
l'appetito	appetite
appetitoso	appetizing
squisito	delicious
disgustoso	horrible
dolce	sweet
salato	salted, salty
aspro	tart
acido	sour
amaro	bitter
piccante	spicy, hot
forte	strong
insipido	tasteless

l'olfatto smell

sentire odore di	to smell
sapere di	to smell of
annusare	to smell, to sniff
puzzare	to stink
profumare	to perfume
avere un buon/cattivo odore	to smell nice/horrible
l'odorato	(sense of) smell
l'odore *(m)*	smell
il profumo	scent, perfume
l'aroma *(m)*	aroma
la fragranza	fragrance
il puzzo	stench
il fumo	smoke
il naso	nose
le narici	nostrils
profumato	scented, fragrant
puzzolente	stinking
fumoso	smoky
inodore	odourless

la cantina è buia
it's dark in the cellar

è morbido al tatto
it feels soft

ho sentito il bambino cantare
I heard the child singing

questo caffè sa di sapone
this coffee tastes of soap

questo cioccolato ha un sapore strano
this chocolate tastes funny

questa minestra non sa di niente
this soup doesn't taste of anything

mi fa venire l'acquolina in bocca
it makes my mouth water

hai sentito odor di gas?
did you smell gas?

c'è odore di fumo in questa stanza
this room smells of smoke

c'è odor di chiuso qui, qui non si respira
it's stuffy in here

Inf **senza le lenti a contatto sono cieco come una talpa**
I'm as blind as a bat without my contacts

Inf **devi urlare: è sordo come un tamburo**
you'll have to shout, he's as deaf as a post

Inf **queste calze puzzano!**
these socks stink!

Inf **il loro appartamento puzza di fumo**
their flat stinks of smoke

See also sections

**4 THE HUMAN BODY, 6 HEALTH, ILLNESSES AND DISABILITIES,
15 FOOD** *and* **64 COLOURS.**

13 LE PREFERENZE E I GUSTI

LIKES AND DISLIKES

piacere	to like
amare	to love *(a person)*
adorare	to adore, to love *(thing)*
voler (molto) bene a	to be fond of *(person)*
essere entusiasta di	to be keen on
apprezzare	to appreciate
essere grato (per)	to be grateful (for)
aver voglia di	to feel like
aver bisogno di	to need
volere	to want
augurare	to wish
desiderare	to wish for
sperare	to hope for
preferire	to prefer
scegliere	to choose
decidere	to decide
paragonare	to compare
detestare	to detest, to hate
odiare	to hate
disprezzare	to despise
l'amore *(m)*	love
la simpatia	liking *(for person)*
la predilezione	liking *(for thing)*
il disgusto	disgust
l'odio	hate
il disprezzo	contempt
il bisogno	need

la necessità *(inv)*	necessity, need
il desiderio	wish
l'intenzione *(f)*	intention
la scelta	choice
il confronto	comparison
la preferenza	preference
il contrario	opposite
l'opposto	opposite
il contrasto	contrast
la differenza	difference
la somiglianza	similarity
paragonabile (a)	comparable (to)
diverso (da)	different (from)
uguale (a)	equal (to)
identico (a)	identical (to)
lo stesso (che)	the same (as)
simile (a)	similar (to)
in confronto a	in comparison with
rispetto a	in relation to
(di) più	more
(di) meno	less
tanto	a lot
molto	a lot
immensamente	enormously
un bel po' (di)	a great deal (of)
molto (di) più/meno	a lot more/less
un bel po' di più/meno	quite a lot more/less

---

questo libro mi piace
I like this book

mi piace molto recitare
I quite like acting

il rosso è il mio colore preferito
red is my favourite colour

il caffè mi piace più del tè
I prefer coffee to tea

preferisco stare a casa
I'd rather stay at home, I prefer staying at home

sono contento/a di vederti
I'm pleased to see you

stasera ho voglia di uscire
I feel like going out tonight

Inf **quel tipo, non lo reggo**
I can't stand that guy

Inf **ti piace quel tipo?**
do you fancy that guy?

Inf **ti va di andare a bere qualcosa?**
fancy going for a drink?

Note

To say that you like something/doing something in Italian, you use the verb piacere, with the thing liked as the subject and the person as the indirect objet:

mi piace il tennis/giocare a tennis
I like tennis/playing tennis

To say that you love something/doing something, you use adorare. This follows the same grammatical pattern as the English 'to love', with the person as the subject and the thing loved as the direct object:

adoro il tennis/giocare a tennis
I love tennis/playing tennis.

14 LA VITA QUOTIDIANA E IL SONNO

DAILY ROUTINE AND SLEEP

svegliarsi	to wake up
alzarsi	to get up
stirarsi	to stretch
sbadigliare	to yawn
essere mezzo addormentato	to be half asleep
svegliarsi troppo tardi	to oversleep
aprire le tende/le persiane	to open the curtains/shutters
tirar su la tapparella	to pull up the blind
accendere la luce	to switch the light on
andare al bagno	to go to the bathroom/toilet
andare al gabinetto	to go to the toilet
lavarsi	to wash, to have a wash
lavarsi il viso	to wash one's face
lavarsi le mani	to wash one's hands
lavarsi i denti	to brush one's teeth
lavarsi i capelli	to wash one's hair
lavarsi la testa	to wash one's hair
fare la doccia	to have a shower
fare il bagno	to have a bath
insaponarsi	to soap oneself
sciacquarsi	to rinse oneself
asciugarsi	to dry oneself
radersi	to shave
vestirsi	to get dressed
pettinarsi	to do/comb one's hair
spazzolarsi i capelli	to brush one's hair
truccarsi	to put on (one's) make-up

mettersi le lenti a contatto	to put in one's contact lenses
(ri)fare il letto	to make the bed
fare colazione	to have breakfast
dar da mangiare al gatto/al cane	to feed the cat/dog
annaffiare le piante	to water the plants
prepararsi	to get ready
uscir di casa	to leave the house
andare a scuola	to go to school
andare al lavoro	to go to work
prendere l'autobus	to take the bus
(ri)tornare a casa	to come/go home
tornare (a casa) da scuola	to come back from school
tornare (a casa) dal lavoro	to come back from work
fare i compiti	to do one's homework
far merenda	to have an afternoon snack
riposarsi	to have a rest
fare un sonnellino	to have a nap
fare la siesta	to have an afternoon nap
guardare la televisione	to watch television
leggere	to read
cenare	to have dinner
chiudere la porta a chiave	to lock the door
spogliarsi	to undress
svestirsi	to undress
tirare le tende	to draw the curtains
chiudere le imposte	to pull down the blinds
andare a letto	to go to bed
rimboccare le coperte a	to tuck in *(person)*
mettere la sveglia	to set the alarm (clock)
spegnere la luce	to switch the light off
addormentarsi	to fall asleep
dormire	to sleep
sonnecchiare	to doze
sognare	to dream

dormire male	to sleep badly
avere l'insonnia	to suffer from insomnia
passare una notte in bianco	to have a sleepless night
di solito	usually
la/alla mattina, il/al mattino	in the morning
la/alla sera	in the evening
ogni mattina	every morning
poi	then

la pulizia personale · personal hygiene

il sapone	soap
un asciugamano	towel
un telo da bagno	bath towel
un asciugamano piccolo	hand towel
un guanto di spugna	flannel
una spugna	sponge
uno spazzolino (per le unghie)	(nail)brush
una spazzola	brush
un pettine	comb
un rasoio	razor
uno spazzolino (da denti)	toothbrush
il dentifricio	toothpaste
lo shampoo *(inv)*	shampoo
il balsamo	conditioner
il gel doccia	shower gel
il bagnoschiuma *(inv)*	bubble bath
il deodorante	deodorant
la crema per il corpo	body lotion
la carta igienica	toilet paper
un asciugacapelli *(inv)*	hair dryer
una bilancia	scales

---

metto la sveglia alle sette
I set my alarm (clock) for seven

vado sempre a letto presto/tardi
I go to bed early/late

---

sono mattiniero/a	*Inf* **ho dormito come un ghiro**
I'm an early riser	I slept like a log
Inf **sono distrutto/a**	*Inf* **non ho chiuso occhio**
I'm shattered	I didn't sleep a wink

Note

When doing something to yourself or a part of your body, such as washing or dressing, Italian often uses a construction with a personal pronoun and definite article, rather than a possessive as used in English:

mi lavo le mani	**togliti le scarpe**	**si è strappato la camicia**
I wash my hands	take off your shoes	he tore his shirt

Homework help

First …	Then …
Innanzitutto, …	**Quindi, …**
Next …	After that …
Poi, …	**Dopo, …**
I usually …	I sometimes …
Di solito, …	**A volte, …**
I always do/go …	I never do/go …
Faccio/vado sempre …	**Non faccio/vado mai …**
Before school …	After school …
Prima di andare a scuola, …	**Dopo la scuola, …**

At lunchtime ...	On Mondays ...
A pranzo, ...	**Il lunedì, ...**
At the weekend ...	I have to ...
Il fine settimana, ...	**Devo ...**

I'm allowed to/not allowed to ...
Posso/non posso ...

See also sections

15 FOOD, 17 HOUSEWORK, 23 MY ROOM *and* **56 ADVENTURES AND DREAMS.**

15 Il Cibo
Food

mangiare	to eat
bere	to drink
cucinare	to cook
fare	to make
assaggiare	to taste
fare colazione	to have/eat breakfast
pranzare	to have lunch
cenare	to have dinner
essere vegetariano	to be vegetarian
essere vegetaliano	to be vegan
essere a dieta	to be on a diet
una ricetta	recipe
gli alimenti biologici	organic food
gli OGM	GM food
gli alimenti macrobiotici	health foods
a basso contenuto di grassi	low-fat
a basso contenuto calorico	low-calorie

i pasti — meals

la (prima) colazione	breakfast
la cena	dinner, supper
il pranzo	lunch
il tè *(inv)*	tea
la merenda	morning/afternoon snack
il picnic *(inv)*	picnic
uno spuntino	snack
un piatto pronto	ready meal
un piatto da asporto	takeaway

le portate — courses

uno stuzzichino	appetizer
l'antipasto	hors d'oeuvre, starter
il primo	first course
il secondo	main course
il contorno	vegetables
il dolce	sweet
la frutta	fruit
il formaggio	cheese
un panino	sandwich

le bevande — drinks

l'acqua	water
l'acqua minerale (gassata)	(sparkling) mineral water
il latte	milk
il latte (parzialmente) scremato	(semi-) skimmed milk
il tè *(inv)*	tea
un tè al limone	lemon tea
un tè al latte	tea with milk
il caffè (nero) *(inv)*	(black) coffee
un caffellatte *(inv)*	white coffee
un cappuccino	cappuccino
una tisana	herbal tea
una camomilla	camomile tea
una cioccolata (calda)	hot chocolate
una bibita	soft drink
un'aranciata	orangeade
un succo d'arancio	orange juice
una spremuta d'arancio	fresh orange juice
un succo di mela	apple juice
una Coca® *(inv)*	Coke®
una limonata	lemonade
una bibita gassata	fizzy drink
una bevanda energetica	energy drink
una bevanda alcolica	alcoholic drink
un'acqua tonica	tonic water
il sidro	cider

la birra	beer
la birra scura	stout
la birra chiara	lager
il whisky (di malto) *(inv)*	(malt) whisky
il vino rosso/bianco/rosé	red/white/rosé wine
lo champagne *(inv)*	champagne
un cocktail *(inv)*	cocktail
i superalcolici	spirits
un aperitivo	aperitif
i liquori	liqueurs
il brandy *(inv)*	brandy

i condimenti e le spezie — **seasonings and spices**

il sale	salt
il pepe	pepper
lo zucchero	sugar
la senape	mustard
l'aceto	vinegar
l'olio	oil
l'aglio	garlic
la cipolla	onion
le spezie	spices
le erbe aromatiche	herbs
il prezzemolo	parsley
il timo	thyme
il basilico	basil
l'origano	oregano
la menta	mint
il rosmarino	rosemary
la salvia	sage
il coriandolo	coriander
la cannella	cinnamon
una foglia di alloro	bay leaf
la noce moscata	nutmeg
un chiodo di garofano	clove
il peperoncino	chilli (pepper)
la paprica	paprika

lo zafferano	saffron
la salsa	sauce
la maionese	mayonnaise

la colazione

breakfast

il pane	bread
il pane integrale	wholemeal bread
una baguette *(inv)*	baguette, French stick
un panino	roll, sandwich
pane e burro	bread and butter
una fetta di pane e marmellata	slice of bread and jam
(una fetta di) pane tostato	(slice of) toast
un croissant *(inv)*	croissant
una brioche *(inv)*	brioche, milk roll
il burro	butter
la margarina	margarine
la marmellata	jam; marmalade
il miele	honey
il burro d'arachidi	peanut butter
i cereali	cereal
i fiocchi di granoturco	cornflakes
il muesli	muesli
i biscotti	biscuits
lo yogurt *(inv)*	yoghurt

la frutta

fruit

un frutto	piece of fruit
una mela	apple
una pera	pear
un'albicocca	apricot
una pesca	peach
una prugna	plum
una nocepesca	nectarine
un melone	melon
un'anguria	watermelon
un ananas *(m inv)*	pineapple
un kiwi *(inv)*	kiwi (fruit)

una banana	banana
un arancio, un'arancia	orange
un pompelmo	grapefruit
un mandarino	tangerine
un limone	lemon
una fragola	strawberry
un lampone	raspberry
una mora	blackberry
un ribes rosso *(inv)*	redcurrant
un ribes nero	blackcurrant
una ciliegia	cherry
un grappolo d'uva	bunch of grapes
un mirtillo	blueberry

la verdura — vegetables

una verdura	vegetable
i piselli	peas
i fagiolini	green beans
i porri	leeks
una patata	potato
il purè di patate *(inv)*	mashed potatoes
le patate al cartoccio	jacket potatoes
le patate arrosto	roast potatoes
le patate lesse	boiled potatoes
le patatine	crisps
una carota	carrot
un cavolo	cabbage
un cavolfiore	cauliflower
i cavoletti di Bruxelles	Brussels sprouts
un finocchio	fennel
la lattuga	lettuce
gli spinaci	spinach
i funghi	mushrooms
i carciofi	artichokes
gli asparagi	asparagus
un peperone (verde/rosso)	(green/red) pepper
una melanzana	aubergine

i broccoli	broccoli
uno zucchino	courgette
il granoturco	corn
i ravanelli	radishes
un pomodoro	tomato
un cetriolo	cucumber
un avocado *(inv)*	avocado
i fagioli	beans
le lenticchie	lentils
i ceci	chickpeas
l'insalata	salad
il riso	rice

la carne   meat

il maiale	pork
il vitello	veal
il manzo	beef
l'agnello	lamb
il montone	mutton
il pollo	chicken
il tacchino	turkey
l'oca	goose
l'anitra	duck
il pollame	poultry

una bistecca	steak
una scaloppina	escalope
un arrosto	joint
il rosbif *(inv)*	roast beef
il cosciotto d'agnello	leg of lamb
lo stufato	stew
il lesso	boiled meat
il bollito	boiled beef
la carne macinata	mince
un hamburger *(inv)*	hamburger
il rognone	kidney
il fegato	liver
il prosciutto cotto	ham

il pâté di fegato *(inv)*	liver pâté
il sanguinaccio	black pudding
una salsiccia	sausage
il salame	salami
il bacon *(inv)*	bacon

il pesce	**fish**
il merluzzo	cod
l'aringa	herring
le sardine	sardines
la sogliola	sole
il tonno	tuna
la trota	trout
il salmone (affumicato)	(smoked) salmon
i frutti di mare	seafood
l'aragosta	lobster
il granchio	crab
le ostriche	oysters
i gamberetti	prawns
le cozze	mussels
le vongole	clams
i calamari	squid
il polpo	octopus

le uova	**eggs**
l'uovo (*pl* le uova)	egg
un uovo alla coque	boiled egg
un uovo sodo	hard-boiled egg
un uovo fritto	fried egg
le uova in camicia	poached eggs
le uova al prosciutto	ham and eggs
le uova strapazzate	scrambled eggs
una frittata	omelette

la pasta	**pasta**
la pasta(sciutta)	pasta
le tagliatelle	tagliatelle
gli spaghetti	spaghetti

i maccheroni	macaroni
i ravioli	ravioli
le lasagne	lasagne

i piatti caldi — **hot dishes**

la minestra	soup
la pastina in brodo	noodle soup
un arrosto d'agnello	roast lamb
le polpette	meatballs
il maiale/pollo arrosto	roast pork/chicken
una scaloppina al vino bianco	escalope cooked in white wine

cotto	cooked
stracotto	overdone
ben cotto	well done
al sangue	rare
impanato	cooked in breadcrumbs
farcito	stuffed
fritto	fried
bollito	boiled
arrosto	roast

i dolci — **desserts**

una torta di mele	apple tart
la panna (montata)	(whipped) cream
la macedonia di frutta	fruit salad
la zuppa inglese	trifle
il gelato (alla vaniglia)	(vanilla) ice-cream
lo yogurt *(inv)*	yoghurt
la mousse al cioccolato *(inv)*	chocolate mousse

le golosità — **sweet things**

il cioccolato al latte/fondente	milk/plain chocolate
una tavoletta di cioccolata	chocolate bar
i biscotti	biscuits
una torta	cake
le paste	cakes
i pasticcini	pastries

i cioccolatini	chocolates
un ghiacciolo	ice lolly
le caramelle	sweets
le mentine	mints
la gomma da masticare	chewing gum
un lecca lecca *(inv)*	lollipop

i sapori — tastes

dolce	sweet
saporito	tasty
salato	savoury; salty
amaro	bitter
acido	sour
speziato	spicy
forte	strong
piccante	hot, spicy
insipido	tasteless

---

che cosa prendi?
what are you having?

prendo ...
I'll have ...

non mangio carne/pesce
I don't eat meat/fish

sono allergico/a alla frutta secca
I'm allergic to nuts

la frutta fa bene
fruit is good for you

le patatine (fritte) fanno male
chips are bad for you

buon appetito!
enjoy your meal!

grazie, altrettanto
thank you, you too

Inf **sto morendo di fame!**
I'm starving!

Inf **sono pienissimo/a**
I'm stuffed

Note

False friend: the Italian word un **toast** refers to a toasted ham-and-cheese sandwich, not a slice of toast.

 Homework help

We should eat more/less ...
Dovremmo mangiare più/meno ...

It's important ... **È importante ...**	to eat healthy food. **mangiare cibi sani.**
	to eat five portions of fruit and vegetables a day. **mangiare cinque porzioni di frutta e verdura al giorno.**
	to have a balanced diet. **avere una dieta equilibrata.**
	to know how to cook. **saper cucinare.**
But ... **Però ...**	children don't like vegetables. **ai bambini non piacciono le verdure.**
	people don't have time to cook. **la gente non ha tempo per cucinare.**
	I don't know how to cook. **non so cucinare.**
	organic food is too expensive. **gli alimenti biologici sono troppo cari.**
	I like junk food. **mi piacciono le porcherie.**
	too much salt/fat isn't healthy. **troppo sale fa male/troppi grassi fanno male alla salute.**
I think ... Penso che ...	we should learn to cook at school. **bisognerebbe imparare a cucinare a scuola.**

buying ready meals is lazy.
è da pigri comprare piatti pronti.

school dinners are awful.
i pasti della mensa scolastica sono pessimi.

it's OK to eat junk food occasionally.
non c'è niente di male a mangiare qualche porcheria ogni tanto.

I'm vegetarian because ...
Sono vegetariano/a perché ...

it's cruel to kill animals.
uccidere gli animali è crudele.

I don't like meat.
non mi piace la carne.

vegetarian food is healthier.
gli alimenti vegetariani sono più sani.

eating meat is against my religion.
mangiare carne è contrario alla mia religione.

I don't eat chocolate because ...
Non mangio cioccolato perché ...

it's fattening.
fa ingrassare.

I'm on a diet.
sono a dieta.

I don't like sweet things.
non mi piacciono i dolci.

I'm allergic to dairy products.
sono allergico/a alle latticini.

See also sections

5 HOW ARE YOU FEELING?, 17 HOUSEWORK, 22 AN EVENING OUT, 62 QUANTITIES *and* **63 DESCRIBING THINGS.**

16 Il Tabacco
Smoking

fumare	to smoke
accendere	to light
spegnere	to put out
smettere di fumare	to quit smoking
una sigaretta	cigarette
arrotolare	roll-up
un sigaro	cigar
un mozzicone (di sigaretta)	cigarette end
la pipa	pipe
un fiammifero	match
un accendino	lighter
un pacchetto di sigarette	packet of cigarettes
un pacchetto di tabacco	packet of tobacco
la carta da sigarette	cigarette papers
la cenere	ash
un posacenere	ashtray
il fumo	smoke
un fumatore	smoker
un non fumatore	non-smoker
per non fumatori	non-smoking
la zona fumatori	smoking area
la normativa antifumo	smoking ban
la pausa (per la) sigaretta	cigarette break
il fumo passivo	passive smoking

ha da accendere?
have you got a light?

qualcuno ha una sigaretta?
has anyone got a cigarette?

fumatori o non fumatori?
smoking or non-smoking?

è vietato fumare nel bar
smoking is not permitted in the bar

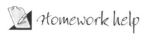 *Homework help*

I don't smoke.	I don't approve of smoking.
Non fumo.	**Sono contrario/a al fumo.**

I smoke about ... cigarettes a day/a week.
Fumo intorno alle ... sigarette al giorno/alla settimana.

I'm in favour of/against the smoking ban.
Sono a favore/contro la normativa antifumo.

Some people ...	think smoking is cool.
Alcuni ...	**pensano che fumare dia un certo tono.**
	smoke because their friends do.
	fumano perché lo fanno i loro amici.
	say the smoking ban is unfair.
	dicono che la normativa antifumo è ingiusta.
But ...	smoking is bad for your health.
Però ...	**fumare fa male alla salute.**
	smoking can cause cancer.
	il fumo può provocare il cancro.
	passive smoking is dangerous.
	il fumo passivo è pericoloso.
	cigarettes are expensive.
	le sigarette sono care.
In my opinion ...	cigarettes smell horrible.
Secondo me, ...	**le sigarette hanno un odore orribile.**
	smoking should be banned at pavement cafés.
	bisognerebbe vietare di fumare nei bar all'aperto.

See also section

34 TOPICAL ISSUES.

17 LE FACCENDE DOMESTICHE

HOUSEWORK

fare i lavori di casa	to do the housework
cucinare	to cook
preparare il pranzo/la cena	to make lunch/dinner
lavare i piatti	to do the washing-up
fare il bucato	to do the washing
pulire	to clean
lucidare	to polish
spazzare	to sweep
spolverare	to dust
passare l'aspirapolvere	to vacuum
vuotare la pattumiera	to empty the bin
lavare	to wash
sciacquare	to rinse
asciugare	to dry, to wipe *(dishes)*
dare una passata	to wipe
mettere in ordine	to tidy up, to put away
fare i letti	to make the beds
preparare	to prepare
tagliare	to cut
affettare	to slice
grattugiare	to grate
sbucciare	to peel
bollire	to boil, to be boiling
friggere	to fry
arrostire	to roast
tostare	to toast
apparecchiare la tavola	to set the table

sparecchiare la tavola	to clear the table
stirare	to iron
rammendare	to darn
aggiustare	to mend
riparare	to repair
aiutare	to help
dare una mano	to give a hand
essere ordinato	to be tidy
essere disordinato	to be messy

le persone che lavorano in casa

people who work in the house

una casalinga	housewife
una donna delle pulizie	cleaner
una collaboratrice domestica	home help
una cameriera	maid
una ragazza alla pari	au pair *(girl)*
un (una) baby-sitter *(inv)*	babysitter

gli elettrodomestici

electrical appliances

un aspirapolvere *(inv)*	vacuum cleaner
una lavatrice	washing machine
una centrifuga	spin-dryer
un'asciugatrice *(f)*	tumble dryer
un ferro da stiro	iron
una macchina da cucire	sewing machine
un frigorifero	fridge
un congelatore	freezer
una lavastoviglie *(inv)*	dishwasher
un frullatore	mixer
un robot da cucina *(inv)*	food processor
un macinacaffè *(inv)*	coffee grinder
un (forno a) microonde	microwave (oven)
una cucina	cooker, stove
un forno	oven
l'elettricità	electricity
un tostapane *(inv)*	toaster

un bollitore elettrico	electric kettle
una macchina del caffè	coffee-maker *(electric)*
una bilancia da cucina	kitchen scales

gli utensili di cucina — household items

una scopa	broom
una scopa lavapavimenti	mop
un secchio	bucket
un catino	basin
una paletta	dustpan
una spazzola	brush
uno scopino per il WC	toilet brush
uno straccio	rag, cloth, duster
un panno	duster
uno strofinaccio da cucina	dish towel
uno scolapiatti *(inv)*	dish drainer
un guanto da forno	oven glove
uno stendibiancheria *(inv)*	clothes horse
una molletta	clothes peg
il cestino dei panni sporchi	laundry basket
un'asse da stiro *(f)*	ironing board
il detersivo (per i piatti)	washing-up liquid
il detersivo (per il bucato)	washing powder
l'ammorbidente *(m)*	fabric softener
un deodorante per ambienti	air freshener
una pentola	pot
un pentolino	small saucepan
una padella	frying pan
un tegame	pan
una teglia	casserole dish
una tortiera	cake tin
una pentola a pressione	pressure cooker
una friggitrice	deep-fat fryer
un coperchio	lid
uno scolapasta *(inv)*	colander
un matterello	rolling pin

un tagliere	chopping board
un coltello da cucina	kitchen knife
un coltello da pane	bread knife
uno sbucciapatate *(inv)*	potato peeler
un mestolo	ladle
una spatola	spatula
un cucchiaio di legno	wooden spoon
un apriscatole *(inv)*	tin opener
un apribottiglie *(inv)*	bottle opener
un cavatappi *(inv)*	corkscrew
una frusta	whisk
un imbuto	funnel
un vassoio	tray

le posate · cutlery

una posata	piece of cutlery
un cucchiaio	spoon
un cucchiaino	teaspoon
una forchetta	fork
un coltello	knife

le stoviglie · dishes

una stoviglia	piece of crockery
un piatto	dish
un sottopiatto	place mat
un piatto piano	plate
un piatto fondo	soup plate
un piattino	saucer
un piatto di portata	serving dish
una tazza	cup
una tazzina	espresso cup
un bicchiere	glass
una bottiglia	bottle
una zuppiera	soup tureen
un'oliera	oil and vinegar cruet
una zuccheriera	sugar bowl
una teiera	teapot

una caraffa	carafe, decanter
una caffettiera	coffee pot; coffee-maker
una lattiera	milk jug
un portauovo *(inv)*	egg cup

> **mio padre lava sempre i piatti**
> my father always does the dishes
>
> **i miei genitori si dividono i lavori domestici**
> my parents share the housework
>
> **tocca a te apparecchiare/sparecchiare**
> **(la tavola)**
> it's your turn to set/clear the table
>
> *Inf* **la tua camera è un porcile!**
> your room is a total pigsty!

See also sections

  15 FOOD *and* **24 THE HOUSE.**

18 LE COMPERE
SHOPPING

comprare	to buy
costare	to cost
spendere	to spend
cambiare	to exchange
pagare	to pay
dare il resto	to give change
vendere	to sell
svendere	to sell at a reduced price
fare lo sconto	to give a discount
andare a fare (le) compere	to go shopping
fare (lo) shopping	to go shopping *(not used for food)*
fare la spesa	to do the shopping *(used only for food)*

a buon mercato	cheap
a buon prezzo	inexpensive
caro	expensive
costoso	expensive, costly
gratuito, gratis	free
un'occasione	bargain
un affare	bargain
a prezzo ribassato	at a reduced price
in offerta speciale	on special offer
di seconda mano	second-hand
un (una) cliente	customer
un commesso, una commessa	shop assistant

i negozi
shops

l'agenzia di viaggi	travel agent's
la bottega	shop

la bottiglieria	off-licence
una boutique	boutique
la calzoleria	shoe shop; cobbler's
la cartoleria	stationer's
il centro commerciale	shopping centre
un discount	discount supermarket
l'edicola	newsstand
la farmacia	chemist's
la ferramenta	hardware store
la gelateria	ice-cream shop
la gioielleria	jeweller's
il grande magazzino	department store
l'istituto di bellezza	beauty salon
la latteria	dairy
la lavanderia (automatica)	laundry, launderette
la libreria	bookshop
la macelleria	butcher's
il mercato (coperto)	(indoor) market
la merceria	haberdasher's
il negozio	shop
il negozio del fiorista	florist's
il negozio di animali	pet shop
il negozio di apparecchi fotografici	photographer's
il negozio di articoli sportivi	sports shop
il negozio di dischi	record shop
il negozio di frutta e verdura	greengrocer's
il negozio di generi alimentari	grocer's
il negozio di souvenir	souvenir shop
la panetteria	baker's
la pasticceria	cake shop
la pelletteria	leather goods shop
la pescheria	fishmonger's
la salumeria	delicatessen
il supermercato	supermarket
la tabaccheria	tobacconist and newsagent's
la tintoria	dry cleaner's

una borsa	bag
un sacchetto di plastica	plastic bag
una borsa della spesa	shopping bag
un cesto	shopping basket
un carrello	(supermarket) trolley
gli acquisti su Internet	online shopping
un ordine	order
la consegna	delivery
le istruzioni per l'uso	instructions for use
il prezzo	price
la cassa	till, checkout, cash desk
la moneta	change, coins
gli spiccioli	small change
il resto	change *(money returned)*
una carta di credito	credit card
il codice segreto	PIN code
una cartà fedeltà	loyalty card
uno scontrino	receipt
i saldi	sales
il banco	counter
il reparto	department
la cabina di prova	fitting room
la scala mobile	escalator
il primo piano	first floor
l'ascensore *(m)*	lift
la vetrina	shop window
la taglia	size

desidera?	**avete banane?**
can I help you?	have you got any bananas?
vorrei un chilo di mele, per favore	
I'd like a kilo of apples, please	

desidera altro?, basta così? anything else?	**(no,) grazie, è tutto/basta così** that's all, thank you
quant'è? how much is this?	**sono 60 euro (in tutto)** that comes to 60 euros (altogether)
accettate carte di credito? do you take credit cards?	**desidero essere rimborsato/a** I'd like a refund
si accomodi alla cassa, prego please pay at the cash desk	**devo farle un pacco regalo?** do you want it gift-wrapped?

scusi, dov'è il reparto calzature?
excuse me, where is the shoe department?

vado dal parrucchiere I'm going to the hairdresser's	**mi piace guardare le vetrine** I like window-shopping

compila i dati della carta di credito
enter your card details

metti nel carrello add to basket	**procedi all'acquisto** proceed to checkout

faccio la maggior parte dei miei acquisti su Internet
I do most of my shopping online

Inf **oggi ho speso un capitale!**
I've spent a fortune today!

Note

False friend: the word un **discount** is used in Italian, borrowed from the English, but it refers to a cheap supermarket or discount store.

See also sections

2 CLOTHES AND FASHION, 9 WORK AND JOBS *and* **33 MONEY.**

19 Lo Sport

Sport

fare esercizio	to exercise
allenarsi	to train
rimettersi in forma	to get fit
fare riscaldamento	to warm up
fare rilassamento	to cool down
fare stretching	to stretch
fare flessioni	to do press-ups
fare addominali	to do sit-ups
tuffarsi	to dive
saltare	to jump
giocare	to play
correre	to run
lanciare	to throw
sparare	to shoot
sciare	to ski
pattinare	to skate
nuotare	to swim
andare a cavallo	to go horse-riding
giocare a calcio	to play football
andare a caccia	to go hunting
andare a pesca	to go fishing
andare a sciare	to go skiing
segnare	to score
fare un gol	to score a goal
essere in testa	to be in the lead
battere un primato	to beat a record
servire	to serve
vincere	to win
perdere	to lose
battere	to beat

un (una) professionista	professional
un (una) dilettante	amateur
un tifoso, una tifosa	fan

i vari sport

types of sport

l'aerobica	aerobics
l'alpinismo	mountaineering
l'atletica	athletics
il badminton	badminton
il ballo da sala	ballroom dancing
il basket	basketball
la boxe	boxing
la break dance	breakdancing
la caccia	hunting
il calcio	football, soccer
il canoismo	canoeing
il canottaggio	rowing
il ciclismo	cycling
la corsa	running
il cricket	cricket
il culturismo	body-building
la danza classica	ballet
la danza del ventre	belly dancing
la danza jazz	jazz
il delfino	butterfly-stroke
il deltaplano	hang-gliding
il dorso	backstroke
l'equitazione *(f)*	horse riding
il football americano	American football
il footing	jogging
la ginnastica	gymnastics; working out
la ginnastica pilates	pilates
il golf	golf
l'hockey su ghiaccio *(m)*	ice hockey
l'hockey su prato *(m)*	hockey
il jogging	jogging
il judo	judo

il karatè	karate
il kick boxing	kickboxing
la lotta	wrestling
il nuoto	swimming
la pallacanestro	basketball
la pallamano	handball
la pallavolo	volleyball
il paracadutismo	parachuting
il pattinaggio in linea	rollerblading
il pattinaggio su ghiaccio	ice-skating
la pesca	fishing
il ping-pong®	table tennis
il pugilato	boxing
la rana	breast-stroke
la roccia	rock climbing
il rugby	rugby
il salto in alto	high jump
il salto in lungo	long jump
la scherma	fencing
lo sci	skiing
lo sci d'acqua	water-skiing
lo sci di fondo	cross-country skiing
lo snowboard	snowboarding
il sollevamento pesi	weight-lifting
gli sport estremi	extreme sports
gli sport invernali	winter sports
lo squash	squash
lo step	step aerobics
lo stile libero	crawl, freestyle
il surf	surfboarding
il tai chi	tai chi
il tip tap	tap dancing
il tennis	tennis
il tiro	shooting
il tuffo	diving
la vela	sailing
il volo a vela	hang-gliding

il windsurf	windsurfing
lo yoga	yoga

l'attrezzatura

	equipment
una palla, un pallone	ball
una boccia	bowl
l'abbigliamento sportivo	sportswear
le scarpe da ginnastica	trainers
le scarpe da calcio	football boots
le scarpe da football	football boots
le scarpette da danza	ballet shoes
una cuffia da nuoto	swimming cap
gli occhialini da nuoto	goggles
un reggiseno (da) sport	sports bra
una fascia (tergisudore)	sweat band
i guantoni (da boxe)	boxing gloves
un casco	helmet
le ginocchiere	knee pads
i parastinchi	shin pads
i pesi	weights
le parallele	parallel bars
una mazza	bat (baseball/cricket)
un bastone da hockey	hockey stick
una mazza da golf	golf club
una racchetta (da tennis)	(tennis) racket
una rete	net
una bicicletta	bike
una mountain bike *(inv)*	mountain bike
una sella	saddle
una barca a vela	sailing boat
una canoa	canoe
una canna da pesca	fishing rod
i pattini	skates
i pattini da ghiaccio	ice skates
i pattini in linea	rollerblades
gli sci	skis
le racchette da sci	ski poles

uno snowboard	snowboard
un surf *(inv)*	surfboard
un cronometro	stopwatch

luoghi e strutture   places

il campo	field, pitch, court, course
un campo da golf	golf course
un campo da tennis	tennis court
un campo di calcio	football pitch
un campo sportivo	sports ground
un centro sportivo	sports centre
una pista	slope; track; rink
una pista ciclabile	cycle track
una pista da sci	ski slope
una pista da pattinaggio	ice-rink
uno stadio	stadium
una palestra	gym
una piscina	swimming pool
un trampolino	diving board
una sauna	sauna
un idromassaggio	jacuzzi
un bagno turco	steam room
le docce	showers
gli spogliatoi	changing rooms

le competizioni   competing

l'allenamento	training
la squadra (vincitrice)	(winning) team
una corsa	race
una tappa	stage
una mischia	scrum
una gara a cronometro	time-trial
uno sprint *(inv)*	sprint
una partita	match
l'intervallo	half-time
un gol *(inv)*	goal
il punteggio	score

il pareggio	draw
il tempo supplementare	extra time
un calcio di punizione	free kick
un calcio di rigore	penalty kick
i rigori	penalty shoot-out
il golden gol	golden goal
il fuorigioco	offside
il cartellino giallo/rosso	yellow/red card
un gioco	game
una maratona	marathon
una gara	race; competition
una competizione	competition
il campionato	championship
un torneo	tournament
un raduno	meeting, rally
l'eliminatoria	heat
la finale	final
il primato	record
il record (mondiale) *(inv)*	(world) record
i Giochi Olimpici	Olympic Games
i mondiali di Calcio	World Cup
una medaglia	medal
una coppa	cup
un trofeo	trophy

le gente

people

un (un')alpinista	mountaineer
un (un')atleta	athlete
un calciatore, una calciatrice	footballer
un (una) ciclista	(racing) cyclist
un corridore	runner
una (una) ginnasta	gymnast
un giocatore, una giocatrice (di ...)	(...) player
un nuotatore, una nuotatrice	swimmer
un pattinatore, una pattinatrice	skater
un portiere	goalkeeper
un (una) pugile	boxer

uno sciatore, una sciatrice	skier
uno sportivo, una sportiva	athlete, sportsperson
un (una) tennista	tennis player
un tuffatore, una tuffatrice	diver
l'arbitro	referee
l'allenatore, l'allenatrice	coach
il maestro di sci, la maestra di sci	ski instructor
l'istruttore di nuoto, l'istruttrice di nuoto	swimming instructor
il campione, la campionessa	champion
il detentore del record, la detentrice del record	record holder
il tifoso, la tifosa	supporter
il vincitore, la vincitrice	winner
il (la) perdente	loser

pronti! attenti! via!
ready, steady, go!

fa molto sport
he/she does a lot of sport

facciamo una partita di tennis!
let's have a game of tennis!

è cintura nera di judo
he's/she's a black-belt in judo

le due squadre hanno pareggiato
the two teams drew

hanno dovuto giocare i tempi supplementari
they had to go into extra time

il corridore ha tagliato il traguardo
the runner crossed the finishing line

Inf **gli abbiamo dato una bella batosta**
we thrashed them

Inf **hai dei addominali pazzeschi**
he's got a great six-pack

Inf **sono a pezzi**
I'm shattered

> ### Note
>
> Where English uses the construction 'to go ...ing' (eg to go sailing/snowboarding), Italian uses the verb fare + the name of the sport, eg fare vela/snowboard.

 Homework help

My favourite sport is ... **Il mio sport preferito è ...**	
I like playing/watching ... **Mi piace giocare a/guardare il ...**	
I'm good/not very good at sports. **Sono/non sono molto portato/a per lo sport.**	

Some people ... **Alcuni ...**	find watching sport boring. **trovano che lo sport sia noioso da guardare.**
	say footballers get paid too much. **dicono che i calciatori sono pagati troppo.**
	don't do enough exercise. **non fanno abbastanza esercizio.**
I think ... **Credo che ...**	it's important to keep fit. **sia importante tenersi in forma.**
	we should do more/less sport at school. **bisognerebbe fare più/meno sport a scuola.**

| However ... | I don't have time to exercise. |
| **Però, ...** | **non ho tempo per fare esercizio.** |

we need better sports facilities.
ci vogliono infrastrutture sportive migliori.

going to a gym is too expensive.
andare in palestra costa troppo.

I don't like competitive sports.
non mi piacciono gli sport da competizione.

See also section

2 CLOTHES AND FASHION.

20 IL TEMPO LIBERO

LEISURE AND HOBBIES

interessarsi a	to be interested in
divertirsi	to enjoy oneself
annoiarsi	to be bored
leggere	to read
disegnare	to draw
dipingere	to paint
avere l'hobby del fai da te	to do DIY
costruire	to build
avere l'hobby della fotografia	to do photography
collezionare	to collect
cucinare	to cook
fare giardinaggio	to do gardening
fare le parole crociate	to do crosswords
cucire	to sew
lavorare a maglia	to knit
ballare	to dance
cantare	to sing
recitare	to act
giocare (a)	to play *(game)*
suonare	to play *(musical instrument)*
guardare la tv/i DVD	to watch TV/DVDs
giocare con i videogiochi	to play video games
navigare su Internet	to surf the Internet
chattare su Internet	to chat online
partecipare a	to take part in
vincere	to win
perdere	to lose
battere	to beat
barare	to cheat

imbrogliare	to cheat
tenersi in forma	to keep fit
fare delle passeggiate	to go for walks
fare un giro in bicicletta	to go for a bike ride
andare in bicicletta	to cycle
andare a pesca	to go fishing
ricevere (a casa)	to entertain
fare volontariato	to do voluntary work
imparare	to learn
fare un corso serale	to go to evening classes
interessante	interesting
entusiasmante	fascinating, exciting
appassionato di	very keen on
noioso	boring
gli hobby	hobbies
un passatempo	pastime
il tempo libero	spare time
la lettura	reading
un libro	book
un libro di fumetti	comic book
una rivista	magazine
la poesia	poetry; poem
la pittura	painting
un pennello	brush
la scultura	sculpture
la ceramica	pottery
il fai da te	DIY
il modellismo	model-making
un martello	hammer
un cacciavite *(inv)*	screwdriver
un chiodo	nail
una vite	screw
un trapano	drill
una sega	saw

una lima	file
la colla	glue
la vernice	paint
la fotografia	photography
una foto(grafia)	photo(graph)
una macchina fotografica	camera
una macchina fotografica digitale	digital camera
un rullino	film *(for camera)*
il cinema *(inv)*	cinema
una videocamera	camcorder
un video *(inv)*	video
l'informatica	computing
un computer *(inv)*	computer
i giochi per il computer	computer games
un sito web	website
la filatelia	stamp collecting
un francobollo	stamp
un album *(inv)*	album, scrapbook
una collezione	collection
la cucina	cooking
una ricetta	recipe
il giardinaggio	gardening
un annaffiatoio	watering can
una vanga	spade
un rastrello	rake
una zappa	hoe
il taglio e cucito	dressmaking
una macchina da cucire	sewing machine
un ago	needle
il filo	thread
un ditale	thimble
un (carta)modello	pattern
le forbici	scissors
il lavoro a maglia	knitting
un ferro	knitting needle
un gomitolo di lana	ball of wool

l'uncinetto	crochet
il ricamo	embroidery
il ballo	dancing
il balletto	ballet
la recitazione	drama
la musica	music
il canto	singing
una canzone	song
il coro	choir
il piano(forte)	piano
il violino	violin
il violoncello	cello
il clarinetto	clarinet
il flauto	flute
il flauto diritto	recorder
la chitarra	guitar
il tamburo	drum
la batteria	drums
il basso	bass
un gioco	game
un giocattolo	toy
un gioco di società	board game
gli scacchi	chess
la dama	draughts
un puzzle *(inv)*	jigsaw
le carte	cards
un dado	dice
una scommessa	bet
una gita	trip
un'escursione	excursion, outing
il ciclismo	cycling
l'ornitologia	birdwatching

mi piace leggere/lavorare a maglia
I like reading/knitting

Raimondo è molto bravo nei lavori manuali
Raimondo is very good with his hands

Elena è un'appassionata di cinema
Elena is very keen on cinema

ci piace ricevere gente a casa
we enjoy entertaining

faccio un corso di danza
I take ballet lessons

a chi tocca? – tocca a te
whose turn is it? – it's your turn

faccio un corso serale di fotografia
I'm taking an evening class in photography

non ho nessuna difficoltà a fare amicizia
I find it easy to make friends

Inf **è un genio del computer**
he's a whizz with computers

Inf **è in giro con gli amici**
he's/she's hanging out with his/her mates

See also sections

19 SPORT, 21 THE MEDIA, 22 AN EVENING OUT, 39 COMPUTERS AND THE INTERNET *and* **46 CAMPSITES AND YOUTH HOSTELS.**

21 I MEDIA
THE MEDIA

ascoltare	to listen to
sentire	to hear
guardare	to watch
vedere	to see
leggere	to read
sfogliare	to leaf through
dare una scorsa a	to glance through
accendere	to switch on
spegnere	to switch off
alzare il volume	to turn the volume up
abbassare il volume	to turn the volume down
cambiare canale	to switch over
trasmettere	to broadcast
andare in onda	to go on the air, to be broadcast
scaricare	to download

la radio   radio

una radio *(inv)*	radio
una trasmissione radio(fonica)	(radio) broadcast/programme
il giornale radio	news bulletin
le notizie	news
un'intervista	interview
un quiz radiofonico *(inv)*	radio quiz
la hit-parade *(inv)*	charts
un singolo	single
un album	album
una pubblicità	commercial *(radio)*
un (una) DJ	DJ
un ascoltatore, un'ascoltatrice	listener
una stazione	station

la frequenza	frequency
la radio digitale	digital radio
la radio pirata	pirate radio
la ricezione	reception
l'interferenza *(f)*	interference

la televisione

la TV *(inv)*	TV
la televisione a colori	colour television
un televisore	television set
uno schermo	screen
un'antenna	aerial
un telecomando	remote control
un canale	channel
un programma	programme
una trasmissione dal vivo	live broadcast
uno studio	studio
il telegiornale	television news
le notizie dell'ultima ora	breaking news
un film *(inv)*	film
un documentario	documentary
un telefilm a puntate *(inv)*	series
una soap opera *(inv)*	soap opera
una sitcom	sitcom
una puntata	episode
le previsioni del tempo	weather forecast
un talk show	chat show
i reality	reality TV
uno spot pubblicitario *(inv)*	commercial *(TV)*
uno slogan	slogan
uno sponsor	sponsor
la sponsorizzazione	sponsorship
un annunciatore, un'annunciatrice	newsreader, announcer
un presentatore, una presentatrice	announcer, presenter
una stella della tv	TV star
un telespettatore, una telespettatrice	viewer

la televisione via cavo	cable TV
la televisione digitale	digital TV
la televisione via satellite	satellite TV
un'antenna parabolica	satellite dish
il canone tv	TV licence
la guida tv	TV guide
un videoregistratore	video recorder
un lettore DVD	DVD player
una videocassetta	video(cassette)

la stampa — press

un giornale	newspaper
il giornale del mattino/della sera	morning/evening paper
un quotidiano	daily paper
un settimanale	weekly
una rivista	magazine
un supplemento a colori	colour supplement
una rivista di cronaca rosa	celebrity magazine
una rivista femminile/maschile	women's/men's magazine
una rivista per giovani	teen magazine
una rivista di moda	fashion magazine
un giornalino a fumetti	comic
un sito di news	news site
la stampa scandalistica	gutter press
un (una) giornalista	journalist
un (una) cronista	reporter
un (una) corrispondente	correspondent
il redattore capo, la redattrice capo	chief editor
un paparazzo	paparazzi
un reportage *(inv)*	press report
un articolo	article
la prima pagina	front page
i titoli	headlines
un editoriale	editorial
una rubrica	(regular) column
la rubrica sportiva	sports column
la posta del cuore	agony column

una rubrica di incontri	lonely hearts column
un annuncio pubblicitario	advertisement
la pubblicità *(inv)*	advertising
una pubblicità televisiva	TV ad
una pubblicità su carta stampata	newspaper ad
le inserzioni	classified ads
la pubblicità su Internet	online advertising
una conferenza stampa	press conference
un'agenzia di stampa	news agency

---

alla radio
on the radio/on air

in diretta da Wimbledon
live from Wimbledon

cosa c'è stasera alla TV?
what's on TV tonight?

il dirottamento dell'aereo è finito in prima pagina
the hijacking made the headlines

Note

False friend: the word **una fiction** is used in Italian, borrowed from the English, but it refers to a TV series, especially an Italian production. The word for fiction is **la narrativa**.

Homework help

I think ...	there are too many reality shows on TV these days.
Credo che ...	**attualmente ci siano troppi reality in tv.**
	there's too much violence on TV.
	ci sia troppa violenza in tv.

	it's important to watch the news. **sia importante guardare i telegiornali.**
Young people ... **I giovani ...**	don't watch the news. **non guardano i telegiornali.**
	watch too much television. **guardano troppa televisione.**
	get information on the Internet. **si informano su Internet.**
	spend a lot of money on magazines. **spendono molti soldi in riviste.**
It annoys me when ... **Mi dà fastidio quando ...**	shows have lots of ad breaks. **i programmi hanno tante interruzioni pubblicitarie.**
	people keep channel-hopping. **la gente cambia canale in continuazione.**
	people don't care about what's happening in the world. **la gente non si interessa a quello che succede nel mondo.**

22 UNA SERATA FUORI
AN EVENING OUT

uscire	to go out
incontrarsi	to meet
andare a ballare	to go dancing, to go clubbing
andare a bere qualcosa	to go for a drink
ubriacarsi	to get drunk
andare a una festa	to go to a party
dare una festa	to have a party
andare a vedere	to go and see
andare al casinò	to go to a casino
invitare	to invite
chiedere a qualcuno di uscire	to ask somebody out
abbordare qualcuno	to chat somebody up
incontrare qualcuno	to meet somebody
prenotare	to book
applaudire	to applaud
divertirsi	to enjoy oneself
annoiarsi	to be bored
tornare a casa	to go/come home
accompagnare	to accompany
offrire	to offer
ordinare	to order
raccomandare	to recommend
da solo/a	alone
assieme a, insieme a	(together) with

gli spettacoli

shows

il teatro	theatre
un costume	costume
il palcoscenico	stage

la scena	set
le quinte	wings
il sipario	curtain
il guardaroba *(inv)*	cloakroom
l'orchestra	orchestra
un posto	seat
la platea	stalls
la prima galleria	dress circle
un palco	box
il loggione	gods
l'intervallo	interval
un programma	programme
il botteghino	box office
la rappresentazione	performance *(presentation)*
l'interpretazione *(f)*	performance *(by actor)*
l'esecuzione *(f)*	performance *(of musical piece)*
la prima	première
un lavoro teatrale	play
un dramma	drama
una commedia	comedy
una tragedia	tragedy
un'opera (lirica)	opera
un'operetta	operetta
il balletto	ballet
un concerto di musica classica	classical music concert
un concerto rock	rock concert
uno spettacolo	show
il circo	circus
i fuochi d'artificio	fireworks
gli spettatori	audience, spectators
il pubblico	audience
una maschera	usher
un attore, un'attrice	actor/actress
un ballerino, una ballerina	dancer

il direttore d'orchestra	conductor
un (una) musicista	musician
un (un')illusionista	magician
un pagliaccio	clown

il cinema

cinema

il cinema *(inv)*	cinema
un film *(inv)*	film
la biglietteria	ticket office
lo spettacolo	showing
un biglietto	ticket
lo schermo	screen
il proiettore	projector

un cartone animato	cartoon
un documentario	documentary
un film dell'orrore	horror film
un film poliziesco	detective film
un film di fantascienza	science-fiction film
un western *(inv)*	western
i sottotitoli	subtitles
il doppiaggio	dubbing
un film in bianco e nero	black and white film
un (una) regista	director
un divo, una diva (del cinema)	(film) star

le discoteche e i balli

nightclubs and dances

un ballo	dance
una sala da ballo	dance hall
una discoteca	disco
un night-club *(inv)*	nightclub
un rave	rave
un bar *(inv)*	bar
un disco	record
la pista da ballo	dance floor
il rock and roll	rock-and-roll
un gruppo pop	pop group

un (una) cantante	singer
la musica folk	folk (music)
un lento	slow number
un (una) disc-jockey *(inv)*	DJ
le casse	speakers
la piastra (di registrazione)	decks
un buttafuori *(inv)*	bouncer
un documento di identità	ID
un volantino	flyer

cenare fuori — eating out

un ristorante	restaurant
una trattoria	(small) restaurant
un pub *(inv)*	pub
una pizzeria	pizzeria
una tavola calda	snack bar
un fast food *(inv)*	fast-food restaurant
un cameriere, una cameriera	waiter/waitress
il menù *(inv)*	menu
il piatto del giorno	dish of the day
la lista dei vini	wine list
il conto	bill
una mancia	tip
un ristorante cinese	Chinese restaurant
un ristorante indiano	Indian restuarant
un ristorante italiano	Italian restaurant

gli inviti — invitations

gli invitati	guests
un (un')ospite	guest
il padrone, la padrona di casa	host
un regalo	present
un mazzo di fiori	bunch of flowers
una scatola di cioccolatini	box of chocolates

un drink *(inv)*	drink
le patatine	crisps
le noccioline (americane)	peanuts
una festa	party
il compleanno	birthday
le candeline	candles
la vita sociale	social life
un appuntamento (galante)	date
un'agenzia di incontri	dating agency
gli incontri su Internet	online dating
una serata per single	singles' night

bis!
encore!

il servizio è compreso
service included

cosa danno al cinema stasera?
what's showing at the cinema tonight?

fai qualcosa stasera?
are you doing anything tonight?

vuoi uscire stasera?
do you want to go out tonight?

dove/a che ora ci vediamo?
where/what time shall we meet?

è tutto esaurito
it's sold out

c'è una festa a casa sua
there's a party at his/her place

hanno una vita sociale molto intensa
they've got a great social life

Inf **cerca sempre di rimorchiare qualche ragazza**
he's always chatting up girls

Inf **alle feste è nel suo elemento**
he's/she's a real party animal

See also section

15 FOOD.

23 LA MIA CAMERA
MY ROOM

il pavimento	floor
la moquette *(inv)*	(fitted) carpet
il soffitto	ceiling
il muro	wall *(of building or free-standing)*
la parete	wall *(of building)*
la porta	door
la finestra	window
le tende	curtains
le persiane	shutters
le veneziane	Venetian blinds
la persiana avvolgibile	rolling shutter
la carta da parati	wallpaper

i mobili	**furniture**
il letto	bed
un letto singolo	single bed
un letto matrimoniale	double bed
i letti a castello	bunk beds
i letti gemelli	twin beds
un divano letto	sofa bed
un materasso	mattress
un cuscino	pillow
una federa	pillowcase
il lenzuolo (*pl* le lenzuola)	sheet
una coperta	blanket
un piumino, un piumone	duvet
un copriletto *(inv)*	bedspread
un comodino	bedside table
un cassettone	chest of drawers
una toilette *(inv)*	dressing table

un armadio	wardrobe, cupboard
una scrivania	desk
una sedia	chair
una seggiola	seat
uno sgabello	stool
una poltrona	armchair
un divano	sofa
una poltrona sacco	beanbag
gli scaffali	shelves
una libreria	bookcase

gli oggetti · objects

un pigiama	pyjamas
una vestaglia	dressing gown
le pantofole	slippers
una borsa dell'acqua calda	hot-water bottle
una lampada	lamp
una lampada da comodino	bedside lamp
un paralume	lampshade
una sveglia	alarm clock
una radiosveglia	radio alarm
uno stereo	stereo
un computer	computer
un tappeto	rug
un cuscino	cushion
un poster *(inv)*	poster
un quadro	picture
una fotografia	photograph
una cornice	picture frame
una candela	candle
uno specchio	mirror
uno specchio intero	full-length mirror
un libro	book
una rivista	magazine
un fumetto	comic
un diario	diary, journal
un gioco	game

un giocattolo	toy
un orsacchiotto	teddy bear

I share my bedroom with my sister	**è ancora a letto**
divido la camera con mia sorella	he's/she's still in bed
è ora di andare a letto	**è ora di alzarsi**
it's bedtime	it's time to get up

Note

False friend: the Italian word **il pavimento** means 'floor'. The word for 'pavement' is **il marciapiede** *(m)*.

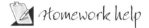

Homework help

My room is big/small/tidy/messy.
La mia camera è grande/piccola/ordinata/disordinata

My duvet/carpet is ...
Il mio piumino/la mia moquette è ...

My curtains/walls are ...
Le tende/i muri della mia stanza sono ...

The bed is next to ...	On the bed is ...
Il letto è accanto a ...	**Sul letto c'è ...**
Under the bed are ...	In the cupboard I have ...
Sotto il letto ci sono ...	**Nell'armadio ho ...**
The desk is opposite ...	The shelves are above ...
La scrivania è di fronte a ...	**Le mensole sono sopra ...**
The TV is on top of ...	The lamp is on ...
La tv è sopra a ...	**La lampada è su ...**

The mirror is below ...
Lo specchio è sotto a ...

My photos are in front of ...
Le mie foto sono di fronte a ...

I keep ...
Tengo ...

my clothes in the wardrobe.
i vestiti nel guardaroba.

my books on a shelf.
i libri su un ripiano.

my toys under the bed.
i giocattoli sotto al letto.

my CDs in a box.
i CD in una scatola.

See also sections

14 DAILY ROUTINE AND SLEEP *and* **24 THE HOUSE.**

abitare	to live
traslocare	to move
cambiar casa	to move (house)
dare in affitto	to let
prendere in affitto	to rent
l'affitto	rent
un mutuo	mortgage
il trasloco	removal
il proprietario, la proprietaria	owner
un inquilino, una inquilina	tenant
un coinquilino, una coinquilina	housemate; flatmate
un portinaio, una portinaia	caretaker
un addetto al trasloco	removal man
una casa	house
un edificio	building
un grattacielo	skyscraper
una villetta	detached house *(small)*
una villa	country house, villa
una villetta bifamiliare	semi-detached house
le villette a schiera	terraced houses
un alloggio popolare	council flat
un caseggiato	block of flats
un monolocale	studio flat
un appartamento (ammobiliato)	(furnished) flat

le parti della casa

parts of the house

il seminterrato	basement
il pianterreno	ground floor

il primo piano	first floor
la soffitta	loft
la cantina	cellar
una stanza	room
un locale	room
la mansarda	attic room
il piano	floor, storey
il pianerottolo	landing
le scale	stairs
un gradino	step
il corrimano	banister
un ascensore *(m)*	lift
il muro	wall
il tetto	roof
una tegola	roof tile
un camino	chimney
il caminetto	fireplace
la mensola del camino	mantelpiece
una porta	door
la porta d'ingresso	front door
la porta sul retro	back door
una finestra	window
il davanzale (della finestra)	(window) sill
una vetrata	big window
una portafinestra	French window
un lucernario	skylight
un balcone	balcony *(small)*
un terrazzo	balcony *(large)*, patio
un cortile	courtyard
una veranda	veranda; conservatory
un garage *(inv)*	garage
(il piano) di sopra	upstairs
(il piano) di sotto	downstairs
dentro	inside
fuori	outside

le stanze

una stanza	room
l'ingresso	entrance (hall)
il corridoio	hall
la cucina	kitchen
la stanza da pranzo	dining room
il tinello	small dining room
il soggiorno	living room, lounge
il salotto	sitting room
lo studio	study
la biblioteca	library
la camera da letto	bedroom
la camera degli ospiti	spare room
il bagno	bathroom
il gabinetto	toilet

the rooms

i mobili

una sedia	chair
una poltrona	armchair
una sedia a dondolo	rocking chair
un divano	sofa
un tavolo	table
un tavolino	coffee table
una credenza	dresser, cupboard
una libreria	bookcase
un buffet *(inv)*	sideboard
un carrello (portavivande)	trolley
una scrivania	desk
gli scaffali	shelves
un pianoforte	piano
un letto	bed
un armadio (guardaroba)	wardrobe
una doccia	shower
un lavabo	washbasin
una vasca da bagno	bathtub
un bidè *(inv)*	bidet

furniture

il water *(inv)*	WC
un armadietto del bagno	bathroom cabinet

gli oggetti e gli accessori

objects and fittings

un'antenna	aerial
un attaccapanni *(inv)*	coat rack
una bilancia (pesapersone)	bathroom scales
(il buco del)la serratura	keyhole
un calorifero	radiator
il campanello	doorbell
una candela	candle
un candeliere	candlestick
la carta da parati	wallpaper
la cassetta delle lettere	letterbox
un cassetto	drawer
un catenaccio	bolt
un cestino (per la carta straccia)	(wastepaper) basket
una chiave	key
una cornice	frame
un cuscino	cushion
una fotografia	photograph
una lampada	lamp
una lampadina	lightbulb, bulb
una lampada a stelo	standard lamp
un lampadario	chandelier
un lavandino	sink
una maniglia	door handle, doorknob
la moquette *(inv)*	(fitted) carpet
una pattumiera	bin
una piastrella	tile
un portacenere *(inv)*	ashtray
un portaombrelli *(inv)*	umbrella stand
un portariviste *(inv)*	magazine rack
un poster *(inv)*	poster
un quadro	picture
il riscaldamento centrale	central heating
un rubinetto	tap

una scala	ladder
un soprammobile	ornament
uno specchio	mirror
una spina	plug *(electric)*
un tappetino da bagno	bathmat
un tappeto	rug
un tappo	plug *(bath)*
un vaso	vase
uno zerbino	doormat
un telefono	telephone
una radio *(inv)*	radio
un televisore	television
uno stereo *(inv)*	stereo
un registratore a nastro	tape recorder
un lettore CD	CD player
un lettore DVD	DVD player
un disco	record
una cassetta	cassette
un compact disc *(inv)*	compact disc
un CD	CD
un DVD	DVD
un computer *(inv)*	computer
un videoregistratore	video (recorder)
una videocassetta	video (cassette)

il giardino

the garden

l'orto	vegetable garden
il prato	lawn
l'erba	grass
le erbacce	weeds
un'aiuola	flowerbed
una serra	greenhouse
i mobili da giardino	garden furniture
una sedia a sdraio	deckchair
un lettino (pieghevole)	lounger
una carriola	wheelbarrow

un tosaerba *(inv)*	lawnmower
un annaffiatoio	watering can
un capanno degli attrezzi	garden shed
un barbecue *(inv)*	barbecue
un nano da giardino	garden gnome
uno stagno	pond
una piscinetta gonfiabile	paddling pool
un'altalena	swings
un vialetto	path
un recinto	fence
una recinzione	fence
un cancello	gate

Inf la loro casa è enorme	*Inf* è un quartiere un po' equivoco
their place is huge	it's a bit of a dodgy area

Homework help

I live in a house/a flat.
Abito in una casa/un appartamento.

My house is big/small/old/modern.
La mia casa è grande/piccola/vecchia/moderna.

In our house we have ...
A casa nostra abbiamo ...

The living room is next to ...
Il soggiorno è accanto a ...

My bedroom is above ...
La mia camera è sopra a ...

The bathroom is opposite ...
Il bagno è di fronte a ...

Upstairs/downstairs there is ...
Al piano di sopra/di sotto c'è ...

See also sections

17 HOUSEWORK *and* **23 MY ROOM.**

The city

una cittadina	town
una città *(inv)*	city
un paese	village
un villaggio	village
la periferia	outskirts
i sobborghi	suburbs
un quartiere	district
i dintorni	surrounding area
una zona	area
un agglomerato (urbano)	built-up area
una zona industriale	industrial estate
una zona residenziale	residential district
il centro storico	old town
il centro	town/city centre
un collegio universitario	university halls of residence
una città dormitorio	dormitory town
i quartieri poveri	slums
i quartieri alti	smart districts
un viale	avenue, boulevard
un vicolo cieco	cul-de-sac
la circonvallazione	ring road
una piazza	piazza, square
una strada	road
una via	street
il corso	main street
la via principale	high street
un'isola pedonale	pedestrian precinct
un vicolo	alleyway
la carreggiata	roadway

il marciapiede	pavement
un posteggio	car park
un parcheggio	car park
un parchimetro	parking meter
un parcheggio di collegamento	park-and-ride
un sottopassaggio	underpass, subway
il lastricato	paving
la fognatura	sewers
un lampione	streetlamp
un parco	park
i giardini pubblici	public gardens
un cimitero	cemetery
un ponte	bridge
un porto	harbour
un aeroporto	airport
una stazione (ferroviaria)	(railway) station
una stazione degli autobus	bus station
la metropolitana	underground
una stazione della metropolitana	underground station
un posteggio per bici	bike rack
uno stadio	stadium
trafficato	busy *(street)*
animato	lively
affollato	crowded
inquinato	polluted
pericoloso	dangerous
tranquillo	peaceful
pulito	clean
sicuro	safe

gli edifici — buildings

un edificio	building
un caseggiato	block (of flats)
un grattacielo	skyscraper
il municipio	town hall
il tribunale	law courts
il centro di informazioni turistiche	tourist information office

un ufficio postale	post office
una banca	bank
una biblioteca	library
il commissariato (di polizia)	police station
la caserma dei carabinieri	police station
la questura	police headquarters
una scuola	school
un liceo	high school
un'università	university
una caserma	barracks
la caserma dei vigili del fuoco	fire station
una prigione	prison
una fabbrica	factory
un ospedale	hospital
una clinica	clinic
una casa di riposo	old people's home
un centro culturale	arts centre
un centro sportivo	sports centre
un teatro	theatre
un cinema(tografo)	cinema
un museo	museum
una galleria d'arte	art gallery
un castello	castle
un palazzo	palace
una torre	tower
un campanile	steeple
una cattedrale	cathedral
un duomo	cathedral
una chiesa	church
una cappella	chapel
un'abbazia	abbey
un tempio	temple
una sinagoga	synagogue
una moschea	mosque
un monumento	monument
un monumento commemorativo	memorial
un monumento ai caduti	war memorial

una statua	statue
una fontana	fountain

la gente — **people**

i cittadini	city dwellers
un (un')abitante	inhabitant
una persona del posto	local
un immigrato, un'immigrata	immigrant
un (una) passante	passer-by
i pedoni	pedestrians
un (una) turista	tourist

---

abito alla periferia di Milano
I live on the outskirts of Milan
fa il pendolare fra Pisa e Firenze
he/she commutes between Pisa and Florence
Inf c'era un sacco di gente per strada
the streets were heaving
Inf abitano in un posto sperduto
they live in the middle of nowhere

andiamo in città/in centro
we're going to town

Inf fa' attenzione, è un postaccio
be careful, it's a rough area

Homework help

I live in ...	It's near ...
Abito a ...	**È vicino a ...**

You should go to ...	It's famous for ...
Dovresti andare a ...	**È famoso/a per ...**

My town is big/small/pretty/ugly.
La mia città è grande/piccola/carina/brutta.

See also sections

**18 SHOPPING, 22 AN EVENING OUT, 26 CARS, 44 PUBLIC
TRANSPORT, 48 GEOGRAPHICAL TERMS** *and* **66 DIRECTIONS**.

26 L'AUTOMOBILE
CARS

guidare	to drive
mettere in moto	to start up
rallentare	to slow down
frenare	to brake
accelerare	to accelerate
cambiar marcia	to change gear
fermarsi	to stop
parcheggiare	to park
sorpassare	to overtake
fare un'inversione a U	to do a U-turn
accendere i fari	to switch on one's lights
spegnere i fari	to switch off one's lights
lampeggiare	to flash one's headlights
abbagliare	to dazzle
attraversare	to cross, to go through
controllare	to check
dare la precedenza	to give way
avere la precedenza	to have right of way
suonare il clacson	to hoot
slittare	to skid
avere un guasto alla macchina	to break down
restare senza benzina	to run out of petrol
fare il pieno	to fill up
cambiare una ruota	to change a wheel
rimorchiare	to tow
riparare	to repair
commettere un'infrazione	to commit an offence
prendere una multa per sosta vietata	to get a parking ticket

prendere una multa per eccesso di velocità	to get a speeding ticket
rispettare il limite di velocità	to keep to the speed limit
oltrepassare il limite de velocità	to break the speed limit
passare con il rosso	to jump a red light
non fermarsi allo stop	to ignore a stop sign
velocemente	fast, quickly
lentamente	slowly
permesso	allowed
vietato	forbidden

i veicoli — vehicles

una macchina	car
un'auto(mobile) *(inv)*	car
un'auto con il cambio automatico	automatic
un'auto usata	second-hand car
una vecchia carcassa	old banger
un'auto a due/quattro porte	two-/four-door car
una familiare	estate car
una berlina	saloon
un'automobile da corsa	racing car
un'auto sportiva	sports car
un'auto a trazione anteriore	front-wheel drive (car)
un'auto a quattro ruote motrici	four-wheel drive (car)
un quattro per quattro	4x4
un'auto con la guida a destra/ a sinistra	right-/left-hand drive (car)
un'auto con il cambio manuale	manual car
una decappottabile	convertible
un'auto ibrida	hybrid car
la marca	make
un taxi *(inv)*	taxi
un camion *(inv)*	lorry
un autoarticolato	articulated lorry
un furgone	van

una moto *(inv)*, una motocicletta	motorbike
un motorino	moped
uno scooter *(inv)*	scooter
un camper *(inv)*	camper van
una roulotte *(inv)*	caravan
un rimorchio	trailer

gli utenti della strada — road users

un (un')automobilista	motorist
un guidatore, una guidatrice	driver
un guidatore spericolato	reckless driver
un guidatore principiante	learner driver
un passeggero, una passeggera	passenger
un (una) tassista	taxi driver
un (una) camionista	lorry driver
un (una) motociclista	motorcyclist
un (una) ciclista	cyclist
un (un')autostoppista	hitch-hiker
un (una) pirata della strada	hit-and-run driver
un pedone, una pedona	pedestrian

le parti dell'auto — car parts

l'acceleratore *(m)*	accelerator
l'accensione *(f)*	ignition
l'antenna	aerial
l'autoradio *(f inv)*	car radio
il bagagliaio	boot
la batteria	battery
la carrozzeria	body
la cintura di sicurezza	seat belt
il clacson *(inv)*	horn
il cofano	bonnet
il contachilometri *(inv)*	mileometer
il coprimozzo	hub cap
il cric	jack
il cruscotto	dashboard
i fanali posteriori	rear lights
i fari	headlights, lights

i fari antinebbia	fog lamps
la fiancata	wing
il finestrino	window
i freni	brakes
il freno a mano	handbrake
la frizione	clutch
il lampeggiatore	indicator
la leva del cambio	gear lever
le luci di posizione	sidelights
le marce	gears
il motore	engine
la navigazione satellitare	satnav
il parabrezza *(inv)*	windscreen
il paraurti *(inv)*	bumper
il pedale	pedal
un pezzo di ricambio	spare part
il pneumatico	tyre
il portapacchi *(inv)*	roof rack
la portiera	door
la prima	first gear
la quarta	fourth gear
la quinta	fifth gear
il radiatore	radiator
la retromarcia	reverse
la ruota	wheel
una ruota di scorta	spare wheel
la scatola del cambio	gearbox
la seconda	second gear
il sedile anteriore/posteriore	front/back seat
il serbatoio (della benzina)	petrol tank
la serratura	lock
la sospensione	suspension
lo specchietto retrovisore	(rearview) mirror
il tachimetro	speedometer
il tappo	petrol cap
la targa	number plate
il telaio	chassis

il tergicristallo	windscreen wiper
la terza	third gear
il tubo di scappamento	exhaust
il volante	steering wheel
la benzina	petrol
la benzina senza piombo	unleaded (petrol)
la (benzina) super	four-star (petrol)
il carburante	fuel
il gasolio	diesel
l'olio	oil
l'antigelo (inv)	antifreeze

le difficoltà

problems

un garage (inv)	garage
un meccanico	car mechanic
una stazione di servizio	petrol station
un distributore di benzina	petrol pump
l'assicurazione (f)	insurance
la polizza di assicurazione	insurance policy
l'assicurazione kasko (f)	comprehensive insurance
l'assicurazione (della) responsabilità civile (f)	third-party insurance
il codice della strada	Highway Code
una lezione di guida	driving lesson
l'esame per la patente di guida (m)	driving test
la patente (di guida)	driving licence
il libretto di circolazione	car registration book
la carta verde	green card
il bollo	road tax disc
un incidente d'auto	car accident
un'ammaccatura	dent
la velocità (inv)	speed
l'eccesso di velocità	speeding
l'autovelox® (m)	speed camera
un'infrazione	offence
la multa per divieto di sosta	parking ticket
un vigile	traffic warden

una contravvenzione	fine
la precedenza	right of way
il cartello di divieto di sosta	no-parking sign
una gomma a terra	flat tyre
un guasto al motore	breakdown
l'ACI	breakdown service
un carro attrezzi	breakdown lorry
un ingorgo	traffic jam
una deviazione	diversion
lavori in corso	roadworks
il ghiaccio	black ice
la visibilità	visibility

la guida — driving along

il traffico	traffic
una carta stradale	road map
una strada	road
una (strada) statale	main road
una (strada) provinciale	B road
un'autostrada	motorway
la corsia d'emergenza	hard shoulder
una strada a senso unico	one-way street
una corsia	lane
la corsia preferenziale	bus lane
la pista ciclabile	cycle lane
un cartello stradale	road sign
un segnale stradale	road sign
lo stop *(inv)*	stop sign
un semaforo	traffic lights
un marciapiede	pavement
un passaggio pedonale	pedestrian crossing
una curva	bend
la banchina spartitraffico	central reservation
un incrocio	crossroads
un raccordo autostradale	motorway junction
un bivio	junction
una rotonda	roundabout

il pedaggio	toll
un autogrill® *(inv)*	motorway café
l'area di servizio	service area
un passaggio a livello	level crossing
un parchimetro	parking meter

che macchina è? – è una Fiat®
what make is it? – it's a Fiat®

in Italia si guida a destra
in Italy, they drive on the right

metti la terza!
get into third gear!

allacciate le cinture!
fasten your seat belt!

andava a 110 (chilometri) all'ora
he/she was doing 110 km/h

gli hanno ritirato la patente
he lost his licence

ho avuto l'esame di guida lunedì – l'hai passato?
I sat my driving test on Monday – did you pass?

guardi che ha sbagliato strada
you've gone the wrong way

ho esaurito la benzina
I've run out of petrol

abbiamo preso un autostoppista
we picked up a hitch-hiker

ti vengo a prendere alle cinque
I'll pick you up at 5

Inf **guidi come un pazzo!**
you drive like a maniac!

Inf **c'era un traffico pazzesco**
the traffic was murder

Inf **guida ancora quella vecchia carcassa**
she's still driving that old banger

See also section

53 ACCIDENTS.

27 LA NATURA
NATURE

crescere	to grow
fiorire	to flower; to blossom
sbocciare	to bloom
appassire	to wither away
morire	to die

il paesaggio — landscape

un campo	field
un prato	meadow
una foresta	forest
un bosco	wood
un frutteto	orchard
la brughiera	moor
una palude	marsh
un deserto	desert
la giungla	jungle

le piante — plants

una pianta	plant
un albero	tree
un arbusto	shrub
un cespuglio	bush
una radice	root
il tronco	trunk
un ramo	branch
un ramoscello	twig
un germoglio	shoot
un bocciolo	bud
un fiore	flower
una foglia	leaf
la corteccia	bark

una pigna	pine cone
una castagna d'India	horse chestnut
una ghianda	acorn
una bacca	berry
il trifoglio	clover
un fungo (commestibile)	(edible) mushroom
un fungo velenoso	poisonous mushroom
le felci	ferns
l'erba	grass
l'erica	heather
l'agrifoglio	holly
l'edera	ivy
il vischio	mistletoe
il muschio	moss
la vite	vine
una vigna	vineyard
le erbacce	weeds

gli alberi — trees

una conifera	conifer
un albero a foglie caduche	deciduous tree
un sempreverde	evergreen
un abete	fir tree
un acero	maple tree
una betulla	birch
un castagno	chestnut tree
un cedro	cedar
un cipresso	cypress
un faggio	beech
un ippocastano	horse-chestnut tree
un olmo	elm
un pino	pine tree
un pioppo	poplar
un platano	plane tree
una quercia	oak
un salice piangente	weeping willow

gli alberi da frutto — fruit trees

un albicocco	apricot tree
un arancio	orange tree
un cespuglio di lamponi	raspberry bush
un cespuglio di ribes nero	blackcurrant bush
un cespuglio di ribes rosso	redcurrant bush
un cespuglio d'uva spina	gooseberry bush
un ciliegio	cherry tree
un fico	fig tree
un limone	lemon tree
un mandorlo	almond tree
un melo	apple tree
un noce	walnut tree
un pero	pear tree
un pesco	peach tree
una piantina di fragole	strawberry plant
un rovo	blackberry bush
un susino	plum tree
un ulivo	olive tree

i fiori — flowers

i fiori selvatici	wild flowers
il gambo	stem
un petalo	petal
il polline	pollen
un anemone	anemone
il biancospino	hawthorn
un bucaneve *(inv)*	snowdrop
il caprifoglio	honeysuckle
un crisantemo	chrysanthemum
una dalia	dahlia
un dente di leone	dandelion
un fiordaliso	cornflower
un garofano	carnation
un gelsomino	jasmine

un geranio	geranium
un giacinto	hyacinth
un giaggiolo	iris
un giglio	lily
un girasole	sunflower
un lillà *(inv)*	lilac
una margherita	daisy
un mughetto	lily of the valley
un narciso	narcissus
un nontiscordardimé *(inv)*	forget-me-not
un'orchidea	orchid
un papavero	poppy
una petunia	petunia
i piselli odorosi	sweetpeas
una primula	primrose
un ranuncolo	buttercup
un rododendro	rhododendron
una rosa	rose
un trombone	daffodil
un tulipano	tulip
una violetta	violet

> **le rose stanno sbocciando**
> the roses are just coming into blossom
>
> **i ciliegi sono in fiore**
> the cherry trees are in full bloom
>
> **andiamo a raccogliere i funghi**
> let's go and pick some mushrooms

See also sections

28 ANIMALS, 29 THE ENVIRONMENT, 47 AT THE SEASIDE *and*
48 GEOGRAPHICAL TERMS.

28 GLI ANIMALI
ANIMALS

abbaiare	to bark
miagolare	to miaow
fare le fusa	to purr
muggire	to moo
belare	to bleat
grugnire	to grunt
nitrire	to neigh
ruggire	to roar
squittire	to squeak
cinguettare	to twitter
chiocciare	to cluck
cantare	to crow
l'habitat *(m)*	habitat
un nido	nest
una tana	lair
una buca	hole
una cuccia	kennel
una gabbia	cage
un acquario	tank

gli animali domestici — pets

un cane, una cagna	dog/bitch
un cucciolo	puppy
un gatto	cat
un gattino	kitten
un coniglio	rabbit
un porcellino d'India	guinea pig
un criceto	hamster
un pesce rosso	goldfish
un pesce tropicale	tropical fish

28 GLI ANIMALI

gli animali della fattoria	**farm animals**
una mucca	cow
un toro	bull
un vitello	calf
un bue (*pl* i buoi)	ox
un cavallo, una cavalla	horse/mare
un puledro	foal
un asino	donkey
un mulo	mule
una pecora	sheep, ewe
un ariete	ram
un montone	ram
un agnello	lamb
un maiale	pig
una scrofa	sow
una capra/un caprone	nanny-goat/billy-goat
un capretto	kid
un'anatra	duck
un anatroccolo	duckling
un gallo/una gallina	cockerel/hen
un pulcino	chick
un tacchino	turkey
un'oca	goose

gli animali selvatici	**wild animals**
un mammifero	mammal
un pesce	fish
un rettile	reptile
carnivoro	carnivore
erbivoro	herbivore
onnivoro	omnivore
vertebrato	vertebrate
invertebrato	invertebrate
una zampa	leg, paw
uno zoccolo	hoof
un muso	muzzle
un grugno	snout

una coda	tail
una criniera	mane
una proboscide	trunk
gli artigli	claws
un'antilope	antelope
una balena	whale
un bufalo	buffalo
un cammello	camel
un canguro	kangaroo
un castoro	beaver
un cervo	stag
un cinghiale	wild boar
un coniglio	rabbit
un daino	deer
un delfino	dolphin
una donnola	weasel
un elefante	elephant
una foca	seal
una gazzella	gazelle
una giraffa	giraffe
i girini	tadpoles
un gorilla	gorilla
un ippopotamo	hippopotamus
un koala *(inv)*	koala bear
un leone, una leonessa	lion/lioness
un leopardo	leopard
una lepre	hare
un lupo	wolf
un orango	orang-utan
un orso	bear
un orso polare	polar bear
un pescecane	shark
una rana	frog
un ratto	rat
un riccio	hedgehog
un rospo	toad

una scimmia	monkey
uno scimpanzé	chimpanzee
uno scoiattolo	squirrel
uno squalo	shark
una talpa	mole
una tartaruga	tortoise, turtle
una tigre	tiger
un topo	mouse
una volpe	fox
una zebra	zebra

i rettili — reptiles

un coccodrillo	crocodile
un alligatore	alligator
un'anguilla	eel
un serpente	snake
un serpente a sonagli	rattlesnake
una vipera	adder
un cobra *(inv)*	cobra
un (serpente) boa *(inv)*	boa
un verme	worm
una lucertola	lizard
un dinosauro	dinosaur

gli uccelli — birds

un uccello	bird
un rapace	bird of prey
una zampa	foot
gli artigli	talons
un'ala	wing
un becco	beak
una piuma	feather

un airone	heron
un'allodola	lark
un'aquila	eagle
un avvoltoio	vulture
un canarino	canary

una cicogna	stork
un cigno	swan
una civetta	owl
una colomba	dove
un corvo	crow
un cucù *(inv)*	cuckoo
un fagiano	pheasant
un falco	falcon
un fenicottero	flamingo
un gabbiano	seagull
una gazza	magpie
un gufo	owl
un martin pescatore	kingfisher
un merlo	blackbird
un pappagallino	budgie
un pappagallo	parrot
un passero	sparrow
un pavone	peacock
un pettirosso	robin
un picchio	woodpecker
un piccione	pigeon
un pinguino	penguin
una rondine	swallow
uno storno	starling
uno struzzo	ostrich
un usignolo	nightingale

gli insetti insects

un'ape	bee
un bruco	caterpillar
un calabrone	hornet
una cavalletta	grasshopper
un centopiedi	centipede
una cicala	cicada
una coccinella	ladybird
una falena	moth
una farfalla	butterfly

una formica	ant
un grillo	cricket
una libellula	dragonfly
una mosca	fly
un moscerino	midge
una pulce	flea
un ragno	spider
uno scarafaggio	cockroach
una tarma	clothes moth
una vespa	wasp
una zanzara	mosquito

See also sections

27 NATURE *and* **29 THE ENVIRONMENT.**

inquinare	to pollute
distruggere	to destroy
abbattere	to cut down
bruciare	to burn
fondere	to melt
buttare via	to throw away
differenziare i rifiuti	to sort one's rubbish
riciclare	to recycle
riutilizzare	to reuse
essere ecologico	to be green
l'ambiente *(m)*	environment
la foresta equatoriale	rainforest
la calotta glaciale	ice cap
l'ecosistema *(m)*	ecosystem
lo strato di ozono	ozone layer
un (un')ecologista	conservationist
un (un')ambientalista	environmental campaigner
un gruppo di pressione	pressure group
un (un')attivista	activist
verde	Green
un (un')ambientalista radicale	ecowarrior

gli problemi — problems

l'inquinamento	pollution
la specie in via d'estinzione *(inv)*	endangered species
un disastro ambientale	environmental disaster
una fuoriuscita di petrolio	oil spill
la pioggia acida	acid rain
lo smog	smog
la deforestazione	deforestation

un incendio boschivo	forest fire
il riscaldamento globale	global warming
il cambiamento climatico	climate change
l'effetto serra	greenhouse effect
i gas (a effetto) serra	greenhouse gases
le emissioni di carbonio	carbon emissions
i combustibili fossili	fossil fuels
l'energia nucleare	nuclear power
i test nucleari	nuclear testing
un disastro nucleare	nuclear disaster
i rifiuti tossici	toxic waste
uno spray *(inv)*	aerosol
i CFC	CFC
un pesticida	pesticide

gli soluzione — solutions

il riciclaggio	recycling
la campana per la raccolta del vetro	bottle bank
l'energia rinnovabile	renewable energy
una fonte energetica	energy source
la benzina verde	unleaded petrol
una centrale eolica	wind farm
l'energia solare	solar power
i pannelli solari	solar panels
la preservazione	conservation
l'agricoltura biologica	organic farming
lo sviluppo sostenibile	sustainable development
a zero emissioni	carbon-neutral

---

mi interessano molto le questioni ambientali
I'm very interested in green issues

dobbiamo ridurre le emissioni di carbonio
we need to cut carbon emissions

l'uomo sta distruggendo il pianeta
Man is destroying the planet

Note

False friend: the Italian word il **petrolio** means 'oil' (ie that can be used for fuel). The word for 'petrol' is la **benzina**.

 Homework help

Many people are concerned about ... **Molti sono preoccupati per ...**	climate change. **il cambiamento climatico.**
	the greenhouse effect. **l'effetto serra.**
	the destruction of the rainforests. **la distruzione delle foreste equatoriali.**
	pollution. **l'inquinamento.**
	nuclear power. **l'energia nucleare.**
We need to ... **Dobbiamo ...**	save the planet. **salvare il pianeta.**
	save energy. **risparmiare energia.**
	protect wildlife. **proteggere la natura.**
	cut pollution. **ridurre l'inquinamento.**
People should ... **La gente dovrebbe ...**	sort their rubbish. **differenziare i rifiuti.**

recycle more.
riciclare di più.

turn out the lights to save energy.
spegnere le luci per risparmiare energia.

drive smaller cars.
guidare auto più piccole.

take fewer flights.
viaggiare meno in aereo.

eat organic food.
mangiare alimenti biologici.

Otherwise ...
Altrimenti ...

we will run out of fuel.
rimarremo senza combustibili.

animals will become extinct.
gli animali si estingueranno.

there will be floods/droughts.
ci saranno delle inondazioni/ siccità.

people will get ill/die.
la gente si ammalerà/morirà.

See also sections

27 NATURE, 34 TOPICAL ISSUES *and* **48 GEOGRAPHICAL TERMS.**

30 CHE TEMPO FA?
WHAT'S THE WEATHER LIKE?

piovere	to rain
piovere a dirotto	to be pouring with rain
piovigginare	to drizzle
nevicare	to snow
gelare	to be freezing, to freeze (over)
ghiacciare	to freeze (over)
grandinare	to hail
nevischiare	to sleet
soffiare	to blow
splendere	to shine
sciogliersi	to melt
peggiorare	to get worse
migliorare	to improve
cambiare	to change
schiarirsi	to clear up
coperto	overcast
nuvoloso	cloudy
nebbioso	foggy, misty
sereno	calm
limpido	clear
tempestoso	stormy
afoso	muggy
asciutto	dry
caldo	warm, hot
freddo	cold
ghiacciato	icy
mite	mild
bello	fine, nice
brutto	bad

orrendo	horrendous
spaventoso	awful
variabile	changeable
umido	damp; humid
piovoso	rainy
al sole	in the sun
all'ombra	in the shade
il tempo	weather
la temperatura	temperature
le previsioni del tempo	weather forecast
il bollettino meteorologico	weather report
il presentatore, la presentatrice delle previsioni del tempo	weather man/girl
il clima	climate
l'atmosfera	atmosphere
la pressione alta/bassa	high/low pressure
un fronte freddo/caldo	cold/warm front
un miglioramento	improvement
un peggioramento	worsening
un termometro	thermometer
un grado	degree
un barometro	barometer
il cielo	sky

la pioggia

la pioggia	**rain**
una goccia di pioggia	raindrop
un acquazzone	downpour
un temporale	(thunder)storm
la grandine	hail
un chicco di grandine	hailstone
una nuvola	cloud
la rugiada	dew
una pioggerella	drizzle
la nebbia	fog
la foschia	mist

una pozzanghera	puddle
un'alluvione	flood
un tuono	thunder
un fulmine	lightning
un lampo	(flash of) lightning
una schiarita	sunny interval
l'arcobaleno	rainbow
la rugiada	dew
l'umidità	humidity

il freddo — cold weather

il nevischio	sleet
la neve	snow
un fiocco di neve	snowflake
una nevicata	snowfall
una tormenta (di neve)	snowstorm
una valanga	avalanche
una palla di neve	snowball
uno spazzaneve *(inv)*	snowplough
un pupazzo di neve	snowman
il gelo	frost
la brina	heavy frost
il disgelo	thaw
il ghiaccio	ice

il bel tempo — good weather

il sole	sun
un raggio di sole	ray of sunshine
il caldo	heat
un'ondata di caldo	heatwave
la canicola	scorching heat
la siccità *(inv)*	drought

il vento — wind

una corrente d'aria	draught
una folata di vento	gust of wind
la tramontana	North wind
la brezza	breeze

un uragano	hurricane
un tornado	tornado
un ciclone	cyclone
una tempesta	storm

fa bel/brutto tempo
the weather is good/bad

ci sono trenta gradi all'ombra
it's thirty degrees in the shade

piove (a catinelle)
it's raining (cats and dogs)

nevica
it's snowing

tira vento
it's windy

c'è il sole/la nebbia/il ghiaccio
it's sunny/foggy/icy

si gela in questa stanza!
it's freezing in this room!

abbiamo avuto fortuna con il tempo
we've been lucky with the weather

quali sono le previsioni del tempo per il fine settimana?
what's the forecast for the weekend?

ci sono venti gradi sotto zero
it's minus twenty

piove a dirotto
it's pouring

splende il sole
the sun's shining

sta tuonando
it's thundering

che tempo orribile!
what awful weather!

sto morendo di caldo/di freddo
I'm boiling/freezing

Note

To say that it is hot or cold in Italian, you use the verb **fare**:

fa freddo
it's cold

fa troppo caldo
it's too hot

Note also the expression **fa bel/brutto tempo** ('the weather is good/bad').

31 LA FAMIGLIA E GLI AMICI

FAMILY AND FRIENDS

essere imparentato con	to be related to
sposarsi (con)	to get married (to)
fidanzarsi (con)	to get engaged (to)
avere figli	to have children
adottare	to adopt
essere adottato/a	to be adopted
essere orfano	to be an orphan

la famiglia — the family

un (una) parente	relative
la madre	mother
il padre	father
la mamma	mum
il papà	dad
un bambino, una bambina	little boy/girl, child; baby
i figli	children *(sons and daughters)*
il figlio, la figlia	son/daughter
il figlio unico, la figlia unica	only child
i figli adottivi	adopted children
i genitori adottivi	adoptive parents
un bambino/una bambina in affidamento	foster child
il fratello	brother
la sorella	sister
il fratellastro, la sorellastra	step-brother/-sister
il fratello gemello, la sorella gemella	twin brother/sister
il nonno, la nonna	grandfather/grandmother
i nonni	grandparents
il (la) nipote	grandson/granddaughter; niece/nephew

i nipoti	grandchildren; nephews and nieces
il bisnonno, la bisnonna	great-grandfather/-grandmother
la moglie	wife
il marito	husband
il fidanzato, la fidanzata	fiancé(e)
il compagno, la compagna	partner
la matrigna	stepmother
il patrigno	stepfather
il suocero, la suocera	father-/mother-in-law
i suoceri	in-laws
il cognato, la cognata	brother-/sister-in-law
la nuora	daughter-in-law
il genero	son-in-law
lo zio, la zia	uncle/aunt
il cugino, la cugina	cousin
la madrina (di battesimo)	godmother
il padrino (di battesimo)	godfather
il figlioccio, la figlioccia	godson/goddaughter

gli amici — friends

un amico, un'amica	friend
un ragazzo, una ragazza	boyfriend/girlfriend
un vicino, una vicina (di casa)	neighbour
un (una) conoscente	acquaintance
un amico intimo, un'amica intima	close friend

---

hai fratelli (o sorelle)?
have you got any brothers and sisters?

sono figlio unico/figlia unica
I'm an only child

sono il/la maggiore
I am the oldest

il mio fratello maggiore ha 17 anni
my big brother is 17

non ho né fratelli né sorelle
I have no brothers or sisters

mia madre aspetta un bambino
my mother is expecting a baby

bado alla mia sorellina
I'm looking after my little sister

la mia sorella maggiore fa la parrucchiera
my eldest sister is a hairdresser
il mio fratellino minore/più piccolo si succhia il pollice
my youngest brother sucks his thumb

Patrizia è la mia migliore amica	**è un mio amico**
Patrizia is my best friend	he's a friend of mine
non sono parenti	**vanno molto d'accordo**
they are not related	they get on very well
hanno dei parenti in Canada	*Inf* **i loro figli sono proprio carini**
they have relatives in Canada	their kids are really cute

Inf **i miei suoceri mi fanno impazzire!**
my in-laws are driving me nuts!

Note

★ *False friend*: The Italian word **un parente** refers to a relative in general. The word for 'parent' is **un genitore**.

★ Although Italian possessive adjectives are generally preceded by an article (eg **il mio amico/la mia amica**), singular nouns referring to members of the family are an exception to this rule:

mia madre/sorella	**suo cugino/nonno**
my mother/sister	his cousin/grandfather

The only possessive that takes the article with family nouns is **loro**:

la loro madre/sorella	**il loro cugino/nonno**
their mother/sister	their cousin/grandfather

Plural family nouns always take the article:

le nostre madri/sorelle
our mothers/sisters

See also section

8 IDENTITY AND AGE.

32 La Scuola e L'istruzione

School and education

andare a scuola	to go to school
studiare	to study
imparare	to learn
insegnare	to teach
fare l'appello	to call the register
imparare a memoria	to learn by heart
fare i compiti	to do one's homework
domandare	to ask
rispondere	to answer
alzare la mano	to put one's hand up
andare alla lavagna	to go to the blackboard
sapere	to know
correggere	to correct, to mark
prendere la sufficienza	to get a pass-mark
ripassare	to revise
fare un esame	to sit an exam
essere promosso	to pass one's exams
essere bocciato	to fail an exam
imbrogliare	to cheat
ripetere (l'anno)	to repeat a year
marinare la scuola	to play truant
saltare (una lezione)	to skive
punire	to punish
espellere	to expel
sospendere	to suspend
essere sospeso	to be suspended
essere espulso	to be expelled

assente	absent
presente	present
intelligente	intelligent
diligente	hard-working
studioso	studious
distratto	inattentive
indisciplinato	undisciplined
popolare	popular
l'asilo nido	crèche
l'asilo	nursery school
la scuola elementare	primary school
la scuola media inferiore	secondary school *(10-13)*
la scuola media superiore	secondary school *(13-18)*
un istituto tecnico	technical college
un collegio	boarding school
la scuola statale	state school
la scuola privata	private school
una scuola serale	night school
l'università *(f inv)*	university

a scuola

una classe	classroom
un'aula	classroom
l'aula magna	main hall
la direzione	headmaster's office *(primary school)*
la presidenza	headmaster's office *(secondary school)*
la sala professori	staffroom
la biblioteca	library
il laboratorio	laboratory
il laboratorio linguistico	language lab
il centro di orientamento professionale	careers centre
la mensa	canteen
il refettorio	dining hall
la palestra	gym
l'infermeria	infirmary

la classe	**the classroom**
un banco	desk
la cattedra	teacher's desk
un tavolo	table
una sedia	chair
un armadietto	locker
una lavagna	blackboard
una lavagna bianca	whiteboard
una lavagna interattiva	interactive whiteboard
una lavagna luminosa	overhead projector
una diapositiva	OHP slide
il gesso	chalk
il cancellino	duster
una cartella	school-bag
un quaderno	exercise book
un libro	book
un libro di testo	textbook
un dizionario	dictionary
un astuccio	pencil case
una penna a sfera	ballpoint pen
una biro® (inv)	biro
una (penna) stilografica	(fountain) pen
una matita	pencil
un pennarello®	felt-tip pen
un temperamatite (inv)	pencil sharpener
una gomma	rubber
un foglio di carta	sheet of paper
un pennello	paintbrush
i colori	paints
le matite colorate	coloured pencils
un righello	ruler
un compasso	pair of compasses
una squadra	set-square
un rapportatore	protractor
un calcolatore	pocket calculator
un computer (inv)	computer

la ginnastica — PE

il cavallo	horse
il trampolino	trampoline
un materassino	mat
il campo da gioco	playing field
una rete	net
una palia, un pallone	ball
una roba da ginnastica	gym kit

gli insegnanti e gli allievi — teachers and pupils

un maestro, una maestra	primary-school teacher
un (un')insegnante	teacher
il direttore, la direttrice	headmaster/headmistress (primary school)
il (la) preside	headmaster/headmistress (secondary school)
un professore, una professoressa	teacher (secondary school)
l'insegnante di italiano (mf)	Italian teacher
un (una) supplente	supply teacher
il (la) consulente per l'orientamento professionale	careers advisor
l'infermiere, l'infermiera	nurse
il segretario/la segretaria della scuola	school secretary
un allievo, un'allieva	pupil
un alunno, un'alunna	pupil
uno scolaro, una scolara	schoolboy/girl
uno studente, una studentessa	student; secondary school pupil
un buon/pessimo allievo	good/bad pupil
il cocco/la cocca del professore	teacher's pet
un compagno/una compagna di scuola	schoolfriend
un (una) prepotente	bully

l'insegnamento — teaching

il trimestre	term
l'orario	timetable

una materia	subject
una lezione	lesson, class
l'ora (di lezione)	period
l'ora buca	free period
le lezioni private	private tuition
il programma (scolastico)	syllabus
una giustificazione	excuse note
la condotta	behaviour
un corso	course
una lezione di italiano	Italian class
le lingue	languages
l'italiano	Italian
il francese	French
il tedesco	German
lo spagnolo	Spanish
il latino	Latin
il vocabolario	vocabulary
la grammatica	grammar
la coniugazione	conjugation
l'ortografia	spelling
la scrittura	writing
la lettura	reading
una poesia	poem
la letteratura	literature
un romanzo	novel
una novella	short story
un'opera teatrale	play
la matematica	maths
l'algebra	algebra
l'aritmetica	arithmetic
la geometria	geometry
la trigonometria	trigonometry
un'addizione	sum
una sottrazione	subtraction
una moltiplicazione	multiplication

una divisione	division
un'equazione	equation
un problema	problem
un cerchio	circle
un triangolo	triangle
un quadrato	square
un rettangolo	rectangle
un angolo	angle
un angolo retto	right angle
l'area	area
la superficie	surface
il volume	volume
il cubo	cube
il diametro	diameter

la storia	history
la geografia	geography
le scienze (naturali)	science
la biologia	biology
la chimica	chemistry
la fisica	physics
l'informatica	computer studies, IT
la psicologia	psychology
il diritto	law
la sociologia	sociology
gli studi di amministrazione aziendale	business studies
la filosofia	philosophy

la musica	music
il disegno	drawing, art
la recitazione	drama
la religione	religious education
l'educazione tecnica *(f)*	handicrafts, CDT
l'economia domestica	home economics
l'educazione fisica	PE
la ginnastica	gym, sport

un tema	essay
una relazione	long essay
una traduzione	translation
i compiti	homework
un esercizio	exercise
un progetto	project
una presentazione	presentation
una domanda	question
una risposta	answer
un'interrogazione	test
una prova scritta	written test
una prova orale	oral test
un esame	exam(ination)
uno sbaglio	mistake
un errore	mistake
un bel/brutto voto	good/bad mark
un risultato	result
la sufficienza	pass mark
la pagella	report
un premio	prize
una borsa di studio	scholarship
un certificato	certificate
un diploma	diploma
la maturità *(inv)*	school-leaving certificate
la laurea	degree
la disciplina	discipline
una punizione	punishment
il campanello	bell
l'intervallo	break
il pranzo	lunch
l'uscita	hometime
le vacanze scolastiche	school holidays
le vacanze di Natale	Christmas holidays
le vacanze di Pasqua	Easter holidays

SCHOOL AND EDUCATION 32

l'inizio dell'anno scolastico	beginning of school year
una gita scolastica	school trip
uno scambio scolastico	exchange visit
le attività extrascolastiche	after-school activities

università

university

una conferenza	lecture
un seminario	seminar
uno studente, una studentessa	student
uno studente universitario, una studentessa universitaria	undergraduate
un laureato, una laureata	graduate
un professore, una professoressa	professor
un'anfiteatro	lecture theatre
un'aula	lecture hall
il collegio universitario	hall of residence
un dipartimento (universitario)	department
una tesina	dissertation
la tesi	thesis
la laurea	degree
i master	masters
il dottorato	PhD
un diploma	diploma
un corso di formazione alternata	sandwich course
la cerimonia di laurea	graduation

è suonato il campanello
the bell has gone

non ho consegnato in tempo
I didn't hand in my work on time

mia sorella va all'università
my sister's at university

studia giurisprudenza all'università
he's/she's studying law at university

ho un master in amministrazione aziendale
I've got a postgraduate qualification in management

> **oggi abbiamo due ore di matematica**
> we have double maths today
>
> *Inf* **mi sono rotto durante l'ora di storia**
> I was bored stiff in that history class

Note

★ Using the title **dottore/dottoressa** does not necessarily
  mean that someone is a medical doctor, as anyone with
  a university degree (**la laurea**) has in Italy the status of
  doctor. For example, **un dottore in fisica/filosofia** is a physics/
  philosophy graduate.

★ Note that the verb **fare** is used extensively in the context of
  school/university:

faccio la quarta	**faccio il liceo/l'università**
I'm in the fourth year	I'm at high school/university
quest'anno faccio la maturità	**mio fratello fa legge**
I take my A-levels this year	my brother is studying law

 Homework help

My favourite subject is ...
La mia materia preferita è ...

My least favourite subject is ...
La materia che mi piace di meno è ...

When I finish school I want to ... **Dopo la scuola voglio ...**	go to university. **andare all'università.**
	study to be a doctor/lawyer. **studiare medicina/legge.**
	train as a hairdresser. **fare un corso per parrucchieri.**
	get a good job. **trovarmi un buon lavoro.**
	go travelling. **viaggiare.**
I think ... **Credo che ...**	it's important to study languages/ history/maths. **sia importante studiare le lingue/ la storia/la matematica.**
	we have too much homework/too many exams. **abbiamo troppi compiti/troppi esami.**
	we should do more ... at school. **dovremmo fare più ... a scuola.**
	we do too much ... at school. **facciamo troppo/a ... a scuola.**
	we should have nicer/healthier school dinners. **dovremmo mangiare meglio/più sano a scuola.**
	we need to stop bullying in schools. **si debba mettere un freno al bullismo nelle scuole.**

However, ...	going to university is expensive.
Pero, ...	**andare all'università costa molto.**
	some people find studying boring/difficult.
	alcuni trovano che studiare sia noioso/difficile.
	it will be useful in the future.
	sarà utile in futuro.

See also section

9 WORK AND JOBS.

33 I Soldi
Money

comperare, comprare	to buy
vendere	to sell
spendere	to spend
farsi prestare (da)	to borrow (from)
prestare (a)	to lend (to)
dovere (a)	to owe
pagare	to pay
pagare con un assegno	to pay by cheque
pagare in contanti	to pay cash
pagare a rate	to pay by instalments
trasferire soldi	to transfer money
restituire i soldi (a)	to pay back
rimborsare	to reimburse
saldare un debito	to pay off a debt
cambiare	to change
riscuotere un assegno	to cash a cheque
comprare a credito	to buy on credit
accreditare	to credit
prelevare dei soldi	to withdraw money
versare dei soldi	to pay in money
risparmiare	to save money
fare i propri conti	to do one's accounts
essere in credito	to be in credit
essere in debito	to be in debt
essere in rosso	to be in the red, to be overdrawn
fare bancarotta	to go bankrupt
ricco	rich
pieno di soldi	loaded
povero	poor

al verde	broke
milionario	millionaire
i soldi	money
il denaro	money
una moneta	coin
una banconota	banknote
i contanti	cash
gli spiccioli	change *(coins)*
il resto	change *(money returned)*
un borsellino	purse
un portafoglio	wallet
i risparmi	savings
una spesa	expense
una banca	bank
la cassa di risparmio	savings bank
un ufficio di cambio	bureau de change
il tasso di cambio	exchange rate
la cassa	till, cash desk
uno sportello	counter
uno sportello automatico	cash dispenser
un direttore di banca	bank manager
un impiegato di banca	bank clerk
un conto in banca	bank account
un conto corrente	current account
un conto di risparmio	savings account
un prelievo	withdrawal
un versamento (bancario)	deposit
un trasferimento bancario	transfer
i servizi bancari online	online banking
una carta di credito	credit card
una carta di debito	debit card
un assegno	cheque

il libretto degli assegni	cheque book
un modulo	form
un vaglia postale *(inv)*	postal order
il credito	credit
il debito	debt
un prestito	loan
un mutuo	mortgage
uno scoperto (di conto)	overdraft
gli interessi	interest
un estratto conto	bank statement
la valuta	currency
la Borsa	Stock Exchange
un'azione	share
l'inflazione *(f)*	inflation
il costo della vita	cost of living
la tassa	tax
l'imposta	tax
l'IVA *(f)*	VAT
il bilancio	budget
l'euro	euro
il cent	cent
la (lira) sterlina	pound sterling
un penny *(inv)*	pence
il dollaro	dollar

---

un biglietto/una banconota da 10 euro
a 10-euro note

vorrei cambiare 500 dollari in sterline
I'd like to change 500 dollars into pounds

sto risparmiando per comprarmi una moto
I'm saving up to buy a motorbike

---

ho trasferito i soldi sul mio conto corrente
I transferred the money to my current account

mi sono fatto/a prestare 500 euro da mio padre
I borrowed 500 euros from my father

faccio fatica a sbarcare il lunario
I find it hard to make ends meet

ho uno scoperto di 1000 euro
I have an overdraft of 1000 euros

puoi farmi un prestito?
can I borrow some money from you?

gli devo 10 euro
I owe him 10 euros

Inf **sono al verde**
I'm broke

Inf **è un furto**
that's a rip-off

Inf **è un gran taccagno**
he's such a tightwad

Inf **il loro appartamento costa un occhio (della testa)**
their flat costs an arm and a leg

Inf **butta via tutti i suoi soldi in scarpe**
she blows all her money on shoes

Homework help

These days people ... **Al giorno d'oggi la gente ...**	spend too much on credit cards. **spende troppo in carte di credito.**
	get into debt easily. **si indebita facilmente.**
	do their banking online. **fa le operazioni bancarie su Internet.**
I'm worried about ... **Mi preoccupa l'eventualità ...**	getting into debt **di indebitarmi.**

not having enough money.
di non avere abbastanza soldi.

my bank details being stolen.
**che mi rubino gli estremi del conto
  corrente.**

It annoys me that ...
Mi dà fastidio ...

I can't afford the things I want.
**non potermi permettere le cose
  che voglio.**

I don't get enough pocket money.
**non ricevere abbastanza per le mie
  spese personali.**

clothes/video games are so
  expensive.
**che i vestiti/i videogiochi costino
  così tanto.**

I need to ...
Devo ...

get a weekend job.
**trovarmi un lavoro per i fine
  settimana.**

find a well-paid job.
trovare un lavoro ben pagato.

save money.
risparmiare.

learn how to budget.
imparare a prevedere le spese.

See also sections

9 WORK AND JOBS *and* **18 SHOPPING.**

34 GLI ARGOMENTI DI ATTUALITÀ

TOPICAL ISSUES

discutere (di)	to discuss
dibattere	to debate
polemizzare (su)	to argue (about)
protestare	to protest
litigare	to quarrel
criticare	to criticize
difendere	to defend *(an opinion)*
sostenere	to maintain
persuadere	to persuade
convincere	to convince
pensare	to think
credere	to believe
suggerire	to suggest
insistere	to insist
cambiare idea	to change one's mind
per	for
contro	against
favorevole a	in favour of
contrario a	opposed to
intollerante	intolerant
di larghe vedute	broad-minded
un argomento	topic, subject
un problema	problem
un litigio	argument *(quarrel)*
una dimostrazione	demonstration
una marcia	march

un raduno	rally
una sommossa	riot
la società *(inv)*	society
i pregiudizi	prejudice
la morale	morals
un atteggiamento	attitude
una convinzione	belief
l'ambiente	environment
la tutela dell'ambiente	conservation
la specie in via d'estinzione *(inv)*	endangered species
il riscaldamento globale	global warming
la globalizzazione	globalization
la pace	peace
la guerra	war
gli alleati	allies
le armi nucleari	nuclear weapons
il disarmo	disarmament
il processo di pace	peace process
l'Europa	Europe
l'UE *(f)*	EU
l'allargamento dell'Unione Europea	European enlargement
l'euro	euro
la costituzione europea	EU constitution
una superpotenza	superpower
il Medio Oriente	Middle East
il terrorismo	terrorism
un (una) terrorista	terrorist
un attentato terroristico	terrorist attack
un (una) kamikaze	suicide bomber
un bombardamento	bombing
l'11 settembre	September 11
l'estremismo	extremism
la povertà *(inv)*	poverty
la beneficenza	charity

la disoccupazione	unemployment
un sussidio	benefits
una zona svantaggiata	deprived area
un complesso popolare	council estate
la criminalità *(inv)*	crime
la violenza	violence
la violenza domestica	domestic violence
un'aggressione	attack, assault
le molestie sessuali	sexual harassment
gli abusi sessuali	sexual abuse
gli abusi sui minori	child abuse
un pedofilo, una pedofila	paedophile
la contraccezione	contraception
l'aborto	abortion
l'Aids *(mf)*	AIDS
una gravidanza precoce	teenage pregnancy
il bullismo	bullying
la parità	equality
l'uguaglianza	equality
l'uguaglianza di diritti	equal rights
la discriminazione	discrimination
il maschilismo	sexism
un (una) maschilista	sexist
il femminismo	feminism
un (una) femminista	feminist
i diritti degli omosessuali	gay rights
l'unione civile	civil partnership
una disabilità	disability
il razzismo	racism
un uomo di colore, una donna di colore	man/woman of colour
un nero, una nera	black man/woman
l'immigrazione	immigration
un immigrato, un'immigrata	immigrant
l'integrazione	integration
un ghetto	ghetto

l'asilo politico	political asylum
un rifugiato, una rifugiata	political refugee, asylum seeker
un profugo, una profuga	refugee
un campo profughi	refugee camp
una carretta del mare	= old ship full of illegal immigrants
i diritti umani	human rights
la tortura	torture
la persecuzione	persecution
la pena di morte	death penalty
una dittatura	dictatorship
la corruzione	corruption
il traffico di esseri umani	people trafficking
la prostituzione	prostitution
il traffico d'armi	arms trade
i diamanti insanguinati	conflict diamonds
il lavoro minorile	child labour
il commercio equo (e solidale)	fair trade
l'alcol *(m inv)*	alcohol
un (un')alcolista	alcoholic
il tabacco	tobacco; smoking
il tabagismo	smoking
il tabagismo passivo	passive smoking
la normativa antifumo	smoking ban
la droga	drugs
la tossicodipendenza	drug addiction
l'abuso di droghe	drug abuse
le droghe pesanti/leggere	hard/soft drugs
l'hashish *(m inv)*	hashish
la cocaina	cocaine
l'eroina	heroin
l'ecstasy *(f inv)*	ecstasy
il traffico della droga	drug trafficking
un (una) trafficante (di droga)	dealer
la clonazione	cloning
un clone	clone

un trapianto	transplant
un gene	gene
un embrione	embryo
una cellula staminale	stem cell
gli alimenti geneticamente modificati	genetically-modified food
il vegetarianismo	vegetarianism
i diritti animali	animal rights
la sperimentazione animale	animal testing
l'eutanasia	euthanasia

---

sono/non sono d'accordo con te   **penso che tu abbia ragione/torto**
I agree/don't agree with you   I think you're right/wrong

qual è la tua opinione sull'aborto?
what's your opinion on abortion?

è molto interessato alle questioni relative ai diritti animali
he's very interested in animal rights issues

dovremmo fare di più per aiutare i senzatetto
we should do more to help the homeless

i disabili sono spesso vittime di discriminazione
disabled people are often discriminated against

Inf **sono idiozie!**
that's rubbish!

Homework help

I'm for/against ...	It's important to ...
Sono a favore di/contro ...	**È importante ...**

I believe in/don't believe in ...
Credo nel(la)/non credo nel(la) ...

I approve/disapprove of ...
Sono favorevole/contrario(a) a ...

We need to do more to fight ...
Dobbiamo fare di più per combattere ...

We need to stop/reduce ...
Dobbiamo metter fine a/ridurre ...

We need to improve/increase ...
Dobbiamo migliorare/aumentare ...

People could ...
Si dovrebbe ...

The government should ...
Il governo dovrebbe ...

I think it's shocking that ...
Penso che sia scioccante che ...

people have to sleep on the streets.
la gente debba dormire per strada.

racism still exists.
esista ancora il razzismo.

gay people are discriminated against.
gli omossessuali debbano subire delle discriminazioni.

I'm worried about ...
Mi preoccupa ...

being mugged.
l'eventualità di essere aggredito/a.

a terrorist attack.
l'eventualità di un attentato terroristico.

scientists cloning humans.
l'eventualità che gli scienziati clonino degli esseri umani.

the spread of AIDS.
la diffusione dell'AIDS.

It would be better if … **Sarebbe meglio se …**	drugs were legalised. **le droghe fossero legalizzate.**
	cloning was banned. **la clonazione fosse vietata.**
	we joined the euro. **adottassimo l'euro.**
	there were tighter immigration controls. **ci fossero controlli più severi sull'immigrazione.**

See also sections

16 SMOKING *and* **29 THE ENVIRONMENT.**

35 La Politica

Politics

governare	to govern, to rule
regnare	to reign
organizzare	to organize
manifestare	to demonstrate
andare alle urne	to go to the polls
eleggere	to elect
votare (a favore di/contro)	to vote (for/against)
reprimere	to repress
abolire	to abolish
sopprimere	to get rid of
legalizzare	to legalize
nazionalizzare	to nationalize
privatizzare	to privatize
internazionale	international
nazionale	national
governativo	governmental
politico	political
nazionalista	nationalist
democratico	democratic
conservatore	conservative
liberale	liberal
laburista	labour
radicale	radical
repubblicano	republican
socialdemocratico	social democrat
democristiano	Christian democrat
socialista	socialist
comunista	communist
marxista	Marxist
fascista	fascist

anarchico	anarchist
capitalista	capitalist
estremista	extremist
verde	green
di destra	right-wing
di sinistra	left-wing
di centrodestra	centre-right
di centrosinistra	centre-left
centrista	centre
moderato	moderate
una nazione	nation
un paese	country
uno stato	state
una repubblica	republic
una monarchia	monarchy
la patria	native land
il governo	government
il parlamento	parliament
il consiglio dei ministri	Cabinet
il senato	Senate
la camera dei deputati	Chamber of deputies
il presidente del consiglio (dei ministri)	Prime Minister
la costituzione	constitution
il presidente della repubblica	Head of State *(Italy)*
un ministro	minister
il ministro degli Esteri	Foreign Secretary
il ministro dell'Interno	Home Secretary
un deputato, una deputata	MP
un senatore, una senatrice	senator
un politico	politician
la politica	politics
una politica	policy
la diplomazia	diplomacy

le elezioni	elections
un partito politico	political party
il Partito Democratico	Democratic Party
l'Unione (f)	centre-left political coalition
la Casa delle Libertà	centre-right political coalition
la destra	right
la sinistra	left
il diritto al/di voto	right to vote
il collegio elettorale	constituency
la scheda elettorale	ballot paper
l'urna	ballot box
un candidato, una candidata	candidate
la campagna elettorale	election campaign
un sondaggio d'opinione	opinion poll
un cittadino, una cittadina	citizen
i negoziati	negotiations
un dibattito	debate
una legge	law
una crisi (inv)	crisis
uno scandalo	scandal
la corruzione	corruption
una dimostrazione	demonstration
un colpo di stato	coup
una rivoluzione	revolution
i diritti umani	human rights
la dittatura	dictatorship
un'ideologia	ideology
la democrazia	democracy
il socialismo	socialism
il comunismo	communism
il fascismo	fascism
il capitalismo	capitalism
il pacifismo	pacifism
la libertà	freedom
la gloria	glory
l'opinione pubblica	public opinion

l'aristocrazia	aristocracy
la borghesia	middle classes
la classe operaia	working class
il popolo	the people
il re *(inv)*, la regina	king/queen
il principe, la principessa	prince/princess
l'ONU *(f)*	UN
le Nazioni Unite	United Nations
l'UE (l'Unione europea) *(f)*	EU (European Union)
la NATO	NATO

la Turchia ha fatto domanda per l'ingresso nell'UE
Turkey has applied to join the EU

il governo ha indetto un referendum sull'euro
the government are holding a referendum on the euro

il partito ha ottenuto cinque seggi nelle ultime elezioni
the party gained five seats in the recent election

 Homework help

If I were the Prime Minister I would do/make ...
Se io fossi il presidente del consiglio farei ...

Young people ...	aren't interested in politics.
I giovani ...	**non si interessano di politica.**
	don't understand politics.
	non capiscono la politica.
	think politicians don't listen to them.
	pensano che i politici non li ascoltino.

	don't trust politicians. **non si fidano dei politici.**
I think ... **Credo che ...**	it's important to vote. **sia importante votare.**
	politicians should focus more on youth issues. **i politici dovrebbero concentrarsi di più sui problemi dei giovani.**
	the government should do more to help poor people/asylum seekers. **il governo dovrebbe fare di più per aiutare i poveri/i rifugiati.**
	the voting age should be lowered/raised. **l'età legale per votare dovrebbe essere abbassata/alzata.**
People should vote because ... **Bisognerebbe votare perché ...**	it's a chance to have your say. **è un'opportunità per dire quello che si pensa.**
	we're lucky to live in a democracy. **siamo fortunati a vivere in una democrazia.**
	women fought very hard to get the vote. **le donne si sono battute duramente per ottenere il diritto di voto.**
Some people don't vote because ... **Alcuni non votano perché ...**	they're too lazy. **sono troppo pigri.**

they can't decide who to vote for.
non riescono a decidere per chi votare.

they think all the parties are the same.
pensano che tutti i partiti siano uguali.

See also section

34 TOPICAL ISSUES.

36 COMUNICARE CON GLI ALTRI

COMMUNICATING

dire	to say, to tell
parlare	to talk, to speak
ripetere	to repeat
chiacchierare	to chat
aggiungere	to add
dichiarare	to declare
fare una dichiarazione	to make a statement
esprimere	to express
insistere	to insist
pretendere	to claim
conversare (con)	to converse (with)
informare	to inform
indicare	to indicate
accennare	to refer to
menzionare	to mention
promettere	to promise
gridare	to shout
urlare	to yell
strillare	to shriek
sussurrare	to whisper
mormorare	to murmur
borbottare	to mumble
balbettare	to stammer
arrabbiarsi	to get worked up
rispondere	to reply
ribattere	to retort
litigare	to quarrel
discutere	to discuss

supporre	to assume
persuadere	to persuade
convincere	to convince
influenzare	to influence
(dis)approvare	to (dis)approve
essere d'accordo (con)	to agree (with)
contraddire	to contradict
obiettare	to object
esagerare	to exaggerate
sottolineare	to emphasize
predire	to predict
confermare	to confirm
scusarsi	to apologize
fingere (di)	to pretend (to)
ingannare	to deceive
deludere	to disappoint
lusingare	to flatter
criticare	to criticize
negare	to deny
ammettere	to admit
confessare	to confess
riconoscere	to recognize
spiegare	to explain
gesticolare	to gesticulate
dubitare	to doubt
pettegolare	to gossip
una conversazione	conversation
una discussione	discussion
un dialogo	dialogue
un'intervista	interview *(media)*
un colloquio	(job) interview
un discorso	speech
una conferenza	lecture
un dibattito	debate
un congresso	conference
una dichiarazione	statement

una parola	word
i pettegolezzi	gossip
un'opinione	opinion
un'idea	idea
un punto di vista	point of view
un argomento	subject, topic
una faccenda	matter, issue
una questione	matter, issue
un litigio	quarrel
un malinteso	misunderstanding
un accordo	agreement
un disaccordo	disagreement
una critica	criticism
un'obiezione	objection
una confessione	confession
un microfono	microphone
un megafono	megaphone
convinto	convinced
convincente	convincing
francamente	frankly
generalmente	generally
naturalmente	naturally, of course
assolutamente	absolutely
davvero	really
proprio	exactly; really
completamente	entirely
può darsi	possibly, maybe
forse	maybe, perhaps
indubbiamente	undoubtedly
senza dubbio	without a doubt
ma	but
però	but
comunque	however
o	or
e	and
perché	because

perciò, quindi	therefore
grazie a	thanks to
malgrado, nonostante	despite
a parte	apart from
eccetto	except
senza	without
con	with
quasi	almost
se	if

non mi piacciono le sue idee   **ah, davvero?**
I don't approve of his ideas   really?

era piuttosto arrabbiato, non è vero?
he was pretty angry, wasn't he?

è un argomento molto convincente, no?/non trovi?
it's a very convincing argument, isn't it?/don't you think?

ha addotto le sue ragioni a favore del(la)/contro ...
he/she argued for/against ...

Note

False friends: the Italian word **una questione** means 'question' only in the sense of 'matter' or 'issue'. The word for a question that you ask is **una domanda**.

The Italian word **eventualmente** does not mean 'eventually', which is translated as **alla fine**. Instead, it is used to indicate a possibility:

eventualmente, ti chiamo io
if necessary, I'll give you a ring

Note—cont'd

ci possiamo eventualmente **vedere più tardi**
perhaps we could meet up later

The Italian word **attualmente** means 'currently'. 'Actually' is translated as **in realtà**.

See also sections

34 TOPICAL ISSUES *and* **38** THE TELEPHONE.

37 LA CORRISPONDENZA
LETTER WRITING

scrivere	to write
scribacchiare	to scribble
buttar giù	to jot down
scrivere a macchina	to type
firmare	to sign
inviare	to send
spedire	to send
arrivare	to arrive
consegnare	to deliver
sigillare	to seal
mettere un francobollo su	to put a stamp on
pesare	to weigh
impostare	to post
rispedire	to send back
inoltrare	to forward
tenersi in corrispondenza con	to correspond with
ricevere	to receive
rispondere	to reply
leggibile	legible
illeggibile	illegible
scritto a mano	handwritten
scritto a macchina	typed
(per) via aerea	by airmail
(per) espresso	by express post
(per) raccomandata	by registered mail
a giro di posta	by return mail
per lettera	by courier

una lettera	letter
una lettera di ringraziamento	thank-you letter
una lettera d'amore	love letter
un reclamo	complaint
una cartolina	postcard
un biglietto (di auguri)	(greetings/birthday) card
un invito	invitation
le condoglianze	condolences
una partecipazione	announcement card (for weddings *etc*)
una mail	e-mail
un fax *(inv)*	fax
la posta	mail
la posta elettronica	e-mail
la data	date
la firma	signature
una busta	envelope
l'indirizzo	address
il destinatario	addressee
il mittente	sender
il codice di avviamento postale, il CAP	postcode
un francobollo	stamp
la posta	post
la cassetta delle lettere	postbox
la buca delle lettere	postbox
la levata	collection
l'ufficio postale	post office
lo sportello	counter
l'affrancatura	postage
il timbro	postmark
un pacco	parcel, package
un pacchetto	parcel, package
la ricevuta di ritorno	acknowledgement of receipt
un modulo	form
un vaglia postale *(inv)*	postal order

un postino	postman
un (una) corrispondente	penfriend
una nota	note
l'intestazione *(f)*	letterhead
il testo	text
una pagina	page
un titolo	title
un paragrafo	paragraph
una frase	sentence
una riga	line
una parola	word
il margine	margin
la scrittura	handwriting
una penna	pen
una matita	pencil
una penna stilografica	fountain pen
un computer *(inv)*	computer

---

vorrei tre francobolli per il Regno Unito, per favore
I'd like three stamps for the UK please

Le confermo tutti i dati via fax   **Le mando un'e-mail domani**
I'll confirm all the details by fax   I'll e-mail you tomorrow

ha una calligrafia spaventosa!
his/her handwriting is appalling!

Note

★ The style of formal Italian letters is slightly different from that used in English-speaking countries. If the stationery has no printed letterhead, you usually write your own address in the upper left-hand corner of the page and the addressee's on the right, starting below your own. You can

Note—cont'd

put the date on either side of the page preceded by your location, eg **Roma, 12 giugno 2007**.

★ Formal pronouns and possessives are usually capitalized in formal letters:

la **Sua** lettera	la **Vostra ditta**	**Le scrivo ...**
your letter	your company	I'm writing to you ...

This even applies to pronouns that are attached to verbs, eg **ringraziarLa/ringraziarVi** ('to thank you').

Homework help

Starting the letter

Dear Sir/Madam,	Dear Mum and Dad,
Gentile signore/signora	**Cari mamma e papà,**

Dear Alberto/Chiara,
Caro Alberto/Cara Chiara,

Dear all,	Hi Julia!
Carissimi tutti,	**Ciao Julia!**

How are you?	I hope you are well.
Come stai?	**Spero che tu stia bene.**

Thank you for your letter.
Grazie per la tua lettera.

It was great to hear from you.
Sono stato/a molto contento/a di sentirti.

Purpose of the letter

I'm writing to ...	ask for ...
Le scrivo per ...	**chiedere ...**

thank you for ...
ringraziarLa per ...

wish you ...
augurarLe ...

tell you ...
dirLe ...

invite you ...
invitarLa ...

Please could you ...
La prego di ...

send me ...
inviarmi ...

tell me ...
dirmi ...

confirm ...
confermarmi ...

I'm sending you ...
Le invio ...

Please find enclosed/attached ...
Le invio in allegato ...

Finishing the letter

Please do not hesitate to contact me.
Non esiti a contattarmi.

I look forward to hearing from you.
Rimango nell'attesa di una Sua risposta.

Write back soon!
Rispondimi presto!

Give my love to Silvia.
Salutami tanto Silvia.

Yours faithfully/sincerely,
Distinti saluti,

Kind regards,
Cordiali saluti/Cordialmente,

Love,
Con affetto,

Lots of love from ...
Cari saluti da ...

See also section

39 COMPUTERS AND THE INTERNET.

38 Il Telefono
The telephone

chiamare	to call
telefonare (a)	to (tele)phone, to ring
fare una telefonata	to make a phone call
dare un colpo di telefono a qualcuno	to give somebody a ring
sollevare il ricevitore	to lift the receiver
fare il numero	to dial the number
sbagliare numero	to dial a wrong number
riappendere	to hang up
richiamare	to call back
lasciare un messaggio	to leave a message
rispondere (a)	to answer
suonare	to ring *(of phone)*
squillare	to ring *(of phone)*
mandare un SMS	to text
caricare	to charge
ricaricare	to top up
il telefono	phone
il ricevitore	receiver
il (telefono) cordless	cordless phone
una segreteria telefonica	answering machine
un tasto	button
il tasto asterisco/cancelletto	star/hash key
la messaggeria vocale	voice mail
une scheda telefonica	phone card
il segnale di libero	dialling tone
l'elenco telefonico	phone book
le pagine gialle	Yellow Pages®
una cabina telefonica	phone box

una scheda telefonica	phone card
un gettone (telefonico)	token
una telefonata	phone call
una telefonata interurbana	long-distance call
una telefonata urbana	local call
una telefonata a carico del destinatario	reverse charge call
un numero verde	Freefone® number
un numero (telefonico) a valore aggiunto	premium-rate number
il prefisso	dialling code
il numero	number
la linea	line
il numero sbagliato	wrong number
il servizio informazioni	directory enquiries
il centralino	telephone exchange
un (una) centralinista	operator
il tasto di chiamata rapida	speed dial
un telefonino	mobile phone
un messaggio SMG	text message
un videomessaggio	picture message
la suoneria	ringtone
la scrittura facilitata	predictive text
un telefono con macchina fotografica integrati	camera phone
la ricarica	top-up card
il contratto	contract
il credito	credit
la rete	network
un segnale	signal
un caricatore	charger
occupato	engaged
guasto	out of order

ho telefonato a mia madre
I phoned my mother

chi parla?
who's speaking?

pronto! sono Pietro
hello, this is Pietro speaking

sono io
speaking

mi dispiace, non c'è
I'm sorry, he's/she's not in

le può dire che ho chiamato ?
can you tell him/her I called?

un momento, glielo passo
one moment, I'll just hand you over to him

mi scusi, ho sbagliato numero
sorry, I've got the wrong number

è caduta la linea
we got cut off

ho esaurito il credito
I've run out of credit

mandami un SMS stasera
text me tonight

il telefono sta suonando
the phone's ringing

sono Gabriella
it's Gabriella speaking

vorrei parlare con Davide
I'd like to speak to Davide

rimanga in linea
hold on

vuol lasciar detto qualcosa?
would you like to leave a
   message?

chi devo dire (che ha chiamato)?
who shall I say called?

è occupato
it's engaged

non risponde
there's no answer

qui non c'è campo
I can't get a signal here

ti mando il mio indirizzo via SMS
I'll text you my address

Note

★ *False friend*: Italians answer the phone with the word pronto!. This literally means 'ready (to hear)', and has nothing to do with the word 'pronto' used in English – that sense of 'quickly, right away' is translated by subito.

★ Note that the verb telefonare is followed by a + indirect object:

ho telefonato a **mia madre**
I phoned my mother

See also section

39 COMPUTERS AND THE INTERNET.

39 COMPUTER E INTERNET
COMPUTERS AND THE INTERNET

salvare	to save
cliccare	to click
copiare	to copy
incollare	to paste
cancellare	to delete
stampare	to print
zippare	to zip
comprimere	to zip
decomprimere	to unzip
cercare	to search for
esplorare	to browse
scaricare	to download
teletrasmettere	to upload
masterizzare	to burn
scrivere un'email a	to e-mail *(person)*
mandare per email	to e-mail *(document)*
rispondere	to reply
inoltrare	to forward
chattare	to chat
impallarsi	to crash
piantarsi	to freeze

il computer	**the computer**
un (computer) portatile	laptop
uno schermo	screen
un monitor	monitor
una stampante	printer
uno scanner	scanner
un mouse	mouse
un tappetino mouse	mouse mat
una tastiera	keyboard

il tasto	key
il tasto invia	enter
la barra spaziatrice	space bar
il cursore	cursor
un drive	drive
un disco	disk
un hard disk	hard disk
un dischetto	floppy disk
un CD-ROM	CD-ROM
una memory stick	memory stick
l'hardware	hardware
il software	software
un programma	program
il controllo ortografico	spellcheck
una cartella	folder
la posta eliminata	trash
un documento	file
un foglio di calcolo	spreadsheet
una tabella	table

la email e Internet   e-mail and the Internet

la posta elettronica	e-mail *(service)*
la email	e-mail *(service)*
un'email	e-mail *(message)*
un indirizzo email	e-mail address
un account di posta elettronica	e-mail account
un allegato	attachment
la posta in arrivo	inbox
la posta inviata	outbox
una chiocciola	at-sign
il punto	dot
il trattino basso	underscore
lo username	username
la password	password
Internet *(mf)*	Internet

il Web	the Web
un (un')internauta	Internet user
un sito Web	website
una Webcam	webcam
una pagina Web	webpage
una home page	home page
un modem	modem
la banda larga	broadband
un provider Internet	access provider
un motore di ricerca	search engine
un navigatore	browser
un segnalibro	bookmark
una visita	hit
i messaggi istantanei	instant messaging
un collegamento ipertestuale	hyperlink
una chatroom	chatroom
un forum	forum
un gruppo di discussione	discussion group
un gioco elettronico	computer game
una console di gioco	games console
i videogiochi online	online gaming
un videogiocatore, una videogi- ocatrice	gamer
un pirata informatico	hacker
il spam	spam
uno spammer	spammer
un virus	virus
online	online
sconnesso	offline
senza fili	wireless

selezione Stampa dal menu File
select Print from the File menu

hai una connessione a banda larga a casa?
have you got broadband at home?

qual è il tuo indirizzo email? è p, punto, alessi, chiocciola yahoo, punto, it
what's your e-mail address? – it's p.alessi@yahoo.it

mi puoi mettere in copia nell'email?
can you copy me in to the e-mail?

ha inoltrato la barzelletta a tutta la classe
he/she forwarded the joke to the whole class

devo solo guardare le mie email   *Inf* **è un fissato del computer**
I just need to check my e-mail   he's a real computer geek

Note

Computing and the Internet are areas where Italian has taken many words directly from English, especially when it comes to technical terminology. Of course, the pronunciation tends to follow Italian rules. Often, English verbs are italianized rather than translated:

cliccare – to click   **chattare** – to chat

resettare – to reset   **zippare** – zip

40 I SALUTI E LE FORMULE DI CORTESIA

GREETINGS AND POLITE PHRASES

salutare	to greet
presentare	to introduce
esprimere	to express
ringraziare	to thank
augurare	to wish
scusarsi	to apologize
buongiorno	good morning/afternoon
buona sera	good evening
buona notte	good night
ciao!	hello!, hi!; bye!
arrivederci	goodbye
addio	farewell
piacere (di conoscerla)	pleased to meet you
come stai/sta?	how are you?
come va?	how are things?
bene, grazie	fine, thank you
a presto	see you soon
a più tardi	see you later
a domani	see you tomorrow
buona giornata!	have a good day!
buon pomeriggio!	have a good afternoon!
buon appetito!	enjoy your meal!
buona fortuna!	good luck!
buon viaggio!	have a good trip!
benvenuto/a/i/e!	welcome!

scusa/scusi!	sorry!, excuse me!
scusa/scusi?	sorry?
mi dispiace	I'm sorry
attenzione!	watch out!
sì	yes
no	no
no grazie	no thanks
sì grazie	yes please
per favore	please
per piacere	please
grazie	thank you
molte grazie	thank you very much
grazie mille	thanks a lot
prego	not at all
cin cin!	cheers!
salute!	bless you!; cheers!
d'accordo	OK
tanto meglio	so much the better
tanto peggio	too bad
non importa!	never mind!
peccato!	what a pity!

le festività | festivities

Buon Natale!	Merry Christmas!
Buon Anno!	Happy New Year!
tanti auguri!	best wishes!
Buona Pasqua!	Happy Easter!
buon compleanno!	happy birthday!
congratulazioni!	congratulations!

---

buongiorno, come stai/sta? – bene, grazie, e tu/voi?
hello, how are you? – fine thank you, and you?

ti/le presento Angela Bellini
may I introduce Angela Bellini?

ti/le auguro buon compleanno
I hope you have a happy birthday

---

ti/le faccio i miei migliori auguri
please accept my best wishes

ti/le faccio le mie condoglianze
please accept my condolences

per me è lo stesso, non importa
I don't mind

di nulla!, è un piacere!
it's a pleasure!

mi dispiace (moltissimo)!
I'm (terribly) sorry!

mi scusi
I beg your pardon

mi scusi se la disturbo
I'm sorry to bother you

le/ti dà noia se fumo?
do you mind if I smoke?

scusi, può dirmi ...
excuse me please, could you tell me ...?

che peccato!
what a pity!

bravo/a!, complimenti!
well done!

GOING ON HOLIDAY

essere in vacanza	to be on holiday
viaggiare	to travel
fare un viaggio	to go on a journey
visitare	to visit
fare un giro turistico	to go on a tour
andare in giro a visitare	to go sightseeing
prenotare	to book, to reserve
prenotare su Internet	to book online
noleggiare	to rent *(car, equipment)*
affittare	to rent *(house)*
confermare	to confirm
disdire	to cancel
fare le valigie	to pack (one's suitcases)
prendere	to take
portare	to carry, to take
dimenticare, dimenticarsi	to forget
interessarsi di	to be interested in
informarsi (su)	to get information (about)
procurarsi un'assicurazione	to take out insurance
rinnovare il passaporto	to renew one's passport
farsi vaccinare	to get vaccinated
ispezionare	to search
dichiarare	to declare
contrabbandare	to smuggle
controllare	to check
fare un reclamo	to complain
in vacanza	on holiday
all'estero	abroad
in anticipo	in advance

famoso	famous
celebre	famous
pittoresco	picturesque
aperto	open
chiuso	closed
un'agenzia di viaggi	travel agent's
la prenotazione	booking, reservation
la prenotazione su Internet	online booking
la caparra	deposit
una lista	list
l'itinerario	itinerary
il bagaglio	luggage
una valigia	suitcase
uno zaino	rucksack
una sacca da viaggio	holdall
un beauty-case *(inv)*	vanity case
un'etichetta	label
il passaporto	passport
la carta d'identità	identity card
il visto	visa
il biglietto	ticket
un traveller's cheque *(inv)*	traveller's cheque
un'assicurazione di viaggio	travel insurance
la dogana	customs
un doganiere	customs officer
la frontiera	border

il turismo

tourism

le vacanze	holidays
un viaggio	journey, trip, tour
un viaggio organizzato	package tour
un viaggio a lunga percorrenza	long-haul trip
un viaggio intorno al mondo	round-the-world trip
una breve vacanza	short break
una vacanza avventurosa	adventure holiday

le vacanze estive	summer holiday
la settimana bianca	winter sports holiday
il viaggio di nozze	honeymoon
la crociera	cruise
un (una) turista	tourist
uno straniero, una straniera	foreigner
l'ufficio turistico	tourist office
un ufficio di informazioni turistiche	tourist information centre
un dépliant *(inv)*	brochure, leaflet
una guida	guide(book)
un manuale di conversazione	phrasebook
una pianta	map
un accompagnatore, un'accompagnatrice	holiday rep, courier
un gruppo	group
una visita (guidata)	(guided) tour
un'escursione	excursion
una gita di un giorno	day trip
una gita in pullman	coach trip
le attrattive	attractions
i posti da vedere	sights
i luoghi di interesse turistico	places of interest
una cupola	dome, cupola
un borgo medioevale	medieval village
il centro storico	old town
gli scavi	excavations
un'opera d'arte	work of art
un capolavoro	masterpiece
una pinacoteca	art museum
una mostra	exhibition, show
l'ambasciata	embassy
il consolato	consulate
l'ospitalità	hospitality
un ricordino	souvenir
una cartolina	postcard

i simboli dell'Italia — symbols of Italy

il Tricolore	Italian flag
la Cappella Sistina	The Sistine Chapel
l'Ultima cena di Leonardo	The Last Supper by Leonardo da Vinci
il Colosseo	Coliseum
il Campidoglio	Capitol
la scalinata di piazza di Spagna	Spanish Steps
Piazza san Pietro	St Peter's Square
il Palazzo Ducale	Doge's Palace
il Canal Grande	Grand Canal
la Ca' d'Oro	Ca' d'Oro
il ponte di Rialto	Rialto Bridge
il ponte dei Sospiri	Bridge of Sighs
la torre (pendente) di Pisa	Leaning Tower of Pisa
le Dolomiti	Dolomites
la Toscana	Tuscany
la costiera amalfitana	Amalfi Coast
la pianura padana	Po Valley

le abitudini — customs

il modo di vivere	way of life
la cultura	culture
la moda	fashion
un costume tradizionale	traditional costume
il dialetto	dialect
il carnevale	carnival
una fiera	fair
una sagra	feast, festival *(open-air)*
il ferragosto	15 August *(national holiday)*
il Palio di Siena	Palio of Siena
un bar *(inv)*	bar
un caffè *(inv)*	coffee shop, café
le specialità	specialities
un piatto tipico	traditional dish
l'artigianato	crafts

niente/nulla da dichiarare
nothing to declare

dobbiamo confermare la prenotazione per lettera?
should we confirm our booking in writing?

non vedo l'ora di andare in vacanza
I'm looking forward to going on holiday

non dimenticarti di prendere una piantina di Firenze
don't forget to take a map of Florence

Inf **ci siamo divertiti un sacco in vacanza**
we had a brilliant time on holiday

Note

When talking about going to a place in Italian, you use the preposition **a** for towns and cities and **in** for countries:

siamo andati in Francia
we went to France

siamo andati a Firenze
we went to Florence

 Homework help

During my holidays I ...
Durante le vacanze, ...

We went to ...
Siamo andati in/a ...

We went by car/train/coach.
Abbiamo viaggiato in macchina/treno/pullman.

We stayed in a hotel/an apartment/a villa.
Abbiamo alloggiato in albergo/in un appartamento/in una casa di vacanza.

I went with ...
Sono andato/a insieme a ...

I met ...
Ho incontrato ...

We visited ...
Abbiamo visitato ...

I went surfing/scuba diving.
Ho fatto surf/immersione.

The hotel was lovely/a bit noisy.
L'albergo era molto carino/un po' rumoroso.

The food was really nice/not very good/unusual.
Il cibo era ottimo/non era molto buono/era particolare.

The weather was lovely/OK/awful.
Il tempo è stato molto bello/discreto/orrendo.

The people were friendly/rude.
La gente era ospitale/poco socievole.

The best/worst bit was ...
La cosa più bella/peggiore è stata ...

I would/wouldn't go back there because ...
Ci/non ci ritornerei perché ...

I would/wouldn't recommend it because ...
Lo/non lo consiglierei perché ...

See also sections

25 THE CITY, 42 RAILWAYS, 43 FLYING, 44 PUBLIC TRANSPORT, 45 AT THE HOTEL, 46 CAMPSITES AND YOUTH HOSTELS, 47 AT THE SEASIDE *and* **49 COUNTRIES, CONTINENTS, ETC**.

RAILWAYS

prenotare	to reserve, to book
prendere un treno	to catch a train
perdere un treno	to miss a train
cambiare	to change
scendere	to get off
salire	to get on/in
essere in ritardo	to be late
deragliare	to be derailed
schiantarsi	to crash
in orario	on time
in ritardo	late
prenotato	reserved
occupato	occupied, engaged
libero	free
non fumatori	non-smoking

la stazione — the station

una stazione (ferroviaria)	(railway) station
le Ferrovie dello Stato	Italian railway company
le ferrovie	railways
la biglietteria	ticket office
una biglietteria automatica	ticket machine
l'ufficio informazioni	information
il tabellone degli arrivi e delle partenze	arrivals/departures board
la sala d'aspetto	waiting room
il buffet della stazione *(inv)*	station buffet
il bagaglio, i bagagli	luggage
un carrello	(luggage) trolley
il deposito bagagli	left luggage (office)

il marciapiede	platform
un (una) capotreno	guard
un controllore	ticket collector
un passeggero, una passeggera	passenger
un facchino	porter

il treno — the train

un (treno) locale	local train
un (treno) diretto	direct train
un (treno) rapido	fast train
un (treno) espresso	express train
un (treno) intercity *(inv)*	Intercity® train
un treno di pendolari	commuter train
un treno notturno	night train
Trenitalia	Italian rail company

un locomotore	engine
una locomotiva (a vapore)	steam engine
il vagone ristorante	dining car
una carrozza	coach, carriage
un vagone letto	sleeper
la testa del treno	front of the train
la coda del treno	rear of the train
il vagone bagagliaio	luggage van
uno scompartimento	compartment
una cuccetta	couchette
la toilette *(inv)*	toilet
il gabinetto	loo, toilet
uno sportello	door
un finestrino	window
un posto	seat
la reticella (portabagagli)	luggage rack
il freno d'emergenza	communication cord
il segnale d'allarme	alarm

il viaggio — the journey

il binario	track; platform
una linea (ferroviaria)	(railway) line

un passaggio a livello	level crossing
un tunnel *(inv)*	tunnel
una galleria	tunnel
una fermata	stop
l'arrivo	arrival
la partenza	departure
la coincidenza	connection

i biglietti — tickets

un biglietto	ticket
un (biglietto) ridotto	reduced rate
un adulto	adult
un biglietto di sola andata	single (ticket)
un biglietto di andata e ritorno	return (ticket)
la prima (classe)	first class
la seconda (classe)	second class
l'abbonamento	season ticket
una tessera di abbonamento	railcard
una prenotazione	reservation
la prenotazione (del) posto	seat reservation
l'orario	timetable
i giorni festivi	public holidays
i giorni feriali	weekdays
nell'ora di punta	peak
fuori dall'ora di punta	off-peak

---

sono andato/a a Genova in treno
I went to Genoa by train

sono sul treno
I'm on the train

un biglietto solo andata per Bologna, per favore
a single to Bologna, please

un biglietto andata e ritorno per Milano, per favore
a return ticket to Milan, please

quando parte il prossimo/l'ultimo treno per Verona?
when is the next/last train for Verona?

il treno proveniente da Roma viaggia con venti minuti di ritardo
the train arriving from Rome is twenty minutes late

il treno proveniente da Torino è in arrivo al binario 11
the train from Turin is arriving at platform 11

il treno è in orario
the train is running on time

lasciare libero il passaggio
stand clear of the doors

devo cambiare treno?
do I have to change?

questo treno ferma a Mantova?
does this train stop at Mantua?

il treno ferma a ...
this train calls at ...

biglietti, prego!
tickets, please!

scusi, questo posto è libero?
excuse me, is this seat free?

permesso(, vorrei passare)
excuse me(, may I get by?)

stavo per perdere il treno
I nearly missed my train

sono arrivato appena in tempo
I got there just in time

dovremo correre per prendere la coincidenza
we'll have to run to catch the connection

è venuto/a a prendermi alla stazione
he/she came and picked me up at the station

mi ha accompagnato alla stazione
he/she took me to the station

buon viaggio!
have a good journey!

See also section

44 PUBLIC TRANSPORT.

43 L'AEREO

FLYING

andare in aereo	to fly
fare il check-in	to check in
fare il check-in su Internet	to check in online
passare il controllo a raggi X	to go through security
decollare	to take off
atterrare	to land
fare scalo	to make a stopover

all'aeroporto — at the airport

un aeroporto	airport
l'aerostazione *(f)*	air terminal
una pista	runway
il personale di terra	ground staff
il controllo del traffico aereo	air-traffic control
una compagnia aerea	airline
una compagnia aerea low cost	budget airline
l'ufficio informazioni	information
il check-in *(inv)*	check-in
il check-in automatico	self check-in
un biglietto elettronico	e-ticket
una carta d'imbarco	boarding pass
un supplemento	supplement
il bagaglio a mano	hand luggage
la sicurezza	security
il (negozio) duty free *(inv)*	duty-free shop
gli articoli duty free	duty-free (goods)
l'imbarco	boarding
la sala d'imbarco	departure lounge
l'uscita	gate
la sala arrivi	arrivals hall
il ritiro bagagli	baggage reclaim

il nastro trasportatore bagagli	baggage carousel
il noleggio auto	car hire

a bordo — **on board**

l'aereo	plane
un jumbo-jet *(inv)*	jumbo jet
l'ala	wing
l'elica	propeller
il muso	nose
la coda	tail
il corridoio	aisle
il finestrino	window
un posto	seat
la cintura di sicurezza	seat belt
gli scomparti per i bagagli a mano	overhead lockers
la classe economica/business	economy/business class
l'uscita di sicurezza	emergency exit
la maschera ad ossigeno	oxygen mask
il giubbotto salvagente	life jacket
le procedure di emergenza	safety procedures
l'equipaggio	crew
il pilota	pilot
una hostess *(inv)*	flight attendant, stewardess
uno steward *(inv)*	flight attendant, steward
un passeggero, una passeggera	passenger
un dirottatore, una dirottatrice	hijacker
un volo	flight
un volo diretto	direct flight
un volo nazionale	domestic flight
un volo internazionale	international flight
un volo a lunga/corta percorrenza	long-haul/short-haul flight
l'altitudine *(f)*	altitude
la velocità *(inv)*	speed
la partenza	departure
il decollo	take-off
l'arrivo	arrival

l'atterraggio	landing
un atterraggio di fortuna	emergency landing
le turbolenze	turbulence
uno scalo	stopover
il ritardo	delay
cancellato	cancelled
in ritardo	delayed

desidera un posto lato finestrino o corridoio?
would you like a window or an aisle seat?

ha fatto Lei i bagagli?
did you pack all your bags yourself?

ha un'eccedenza bagaglio di 10 chili
your luggage is 10kg overweight

l'imbarco inizia alle 14.45
boarding starts at 2.45

'imbarco immediato, uscita numero 17'
'now boarding at gate number 17'

ultima chiamata per il volo AB222 per Manchester
last call for flight AB222 to Manchester

'allacciare le cinture di sicurezza' **la mia valigia non è arrivata**
'fasten your seat belt' my suitcase hasn't arrived

abbiamo trovato un volo economico su Internet
we found a cheap flight online

44 I TRASPORTI PUBBLICI

PUBLIC TRANSPORT

scendere (da)	to get off
salire (su)	to get on
aspettare	to wait (for)
arrivare	to arrive
cambiare	to change
fermarsi	to stop
perdere	to miss
non pagare il biglietto	to dodge the fare
mostrare il biglietto	to show one's ticket
l'autobus *(m inv)*	bus
un autobus a due piani	double-decker bus
un autobus articolato	bendy bus
la navetta	shuttle
il tram *(inv)*	tram
il pullman *(inv)*	tour bus, coach
la corriera	coach *(intercity)*
il metrò *(inv)*, la metropolitana	underground, tube
un treno locale	local train
un battello	boat
un traghetto	ferry
un vaporetto	passenger ferry
un taxi *(inv)*	taxi
un (una) conducente	driver
un (un')autista	driver, motorist
un (una) tassista	taxi driver
un tranviere	tram driver
un controllore	ticket inspector
un (una) pendolare	commuter

la stazione degli autobus	bus station
una stazione della metropolitana	underground station
una pensilina	bus shelter
una fermata dell'autobus	bus stop
il capolinea	terminus
la biglietteria	booking office
un distributore automatico (di biglietti)	ticket machine
la sala d'aspetto	waiting room
l'ufficio informazioni	enquiries
l'uscita	exit
la rete (dei trasporti)	network
la linea	line
la banchina	platform
la partenza	departure
la direzione	direction
la destinazione	destination
l'arrivo	arrival
un posto	seat
un biglietto	ticket
la tariffa	fare
un blocchetto di biglietti	book of tickets
una tessera di abbonamento	season ticket
l'abbonamento all'autobus	bus pass
un adulto	adult
un bambino	child
la prima classe	first class
la seconda classe	second class
la tariffa ridotta	concession
una riduzione	reduction
un supplemento	excess fare
le ore di punta	rush hour

sono sull'autobus
I'm on the bus

sali sull'autobus!
get on the bus!

vado a scuola in autobus
I go to school by bus

scenda di fronte al municipio
get off at the town hall

può dirmi quando devo scendere?
will you tell me when to get off?

è a due fermate da qui
it's two stops from here

che autobus devo prendere per andare al duomo?
what bus will take me to the cathedral?

dov'è la più vicina fermata della metropolitana?
where is the nearest underground station?

See also section

42 RAILWAYS *and* **43 FLYING.**

45 ALL'ALBERGO
AT THE HOTEL

registrarsi	to check in
pagare la camera	to check out
pagare il conto	to pay one's bill
richiedere il servizio in camera	to order room service
fare un reclamo	to complain
completo	no vacancies
chiuso	closed
compreso	included
tutto compreso	all-inclusive
con uso cucina	self-catering *(apartment etc)*
un albergo	hotel
un hotel *(inv)*	hotel
un motel *(inv)*	motel
una pensione	guest-house
un appartamento	apartment
una casa (di) vacanza	villa
una casa di campagna	cottage
una prenotazione	booking
la reception *(inv)*	reception
l'atrio	lobby
la pensione completa	full board
la mezza pensione	half board
l'alta/la bassa stagione	high/low season
il servizio	service
il servizio in camera	room service
il servizio di sveglia	wake-up call
una mancia	tip

il conto	bill
un reclamo	complaint
il ristorante	restaurant
la sala da pranzo	dining room
il salone	lounge
l'atrio	entrance hall, lobby
il bar *(inv)*	bar
il posteggio	car park
l'ascensore *(m)*	lift
il buffet della prima colazione	breakfast buffet
il pranzo	lunch
la cena	dinner
un direttore, una direttrice	manager
un (una) receptionist *(inv)*	receptionist
un portiere	porter; doorman
una cameriera	chambermaid

la camera — the room

una camera singola	single room
una camera matrimoniale	double room
una camera a due letti	twin room
una suite	suite
un letto	bed
un letto singolo	single bed
un letto matrimoniale	double bed
un lettino	cot
la biancheria da letto	bedding
gli asciugamani	towels
un bagno	bathroom
una doccia	shower
un lavandino	washbasin
l'acqua calda	hot water
la toilette *(inv)*	toilet
l'aria condizionata	air conditioning

la tv satellitare/via cavo	satellite/cable TV
l'accesso a Internet	Internet access
una cassaforte	safety deposit box
un minibar	minibar
l'uscita di sicurezza	emergency exit
la scala di sicurezza	fire escape
un balcone	balcony
la vista	view
una chiave	key
una chiave magnetica	keycard

un albergo a due/tre stelle
a two-/three-star hotel

avete camere libere?
have you got any vacancies?

per quante notti?
for how many nights?

siamo al completo
we're full

vorrei una camera singola/doppia
I'd like a single/double room

vorrei una camera con bagno
I'd like a room with an ensuite bathroom

il bagno è in fondo al corridoio
the bathroom is just down the
  hall

una camera con vista sul mare
a room with a sea view

la colazione è compresa?
is breakfast included?

'non disturbare'
'do not disturb'

vorrei essere svegliato/a alle sette
could you give me a wake-up call at seven?

la chiave della camera 12, per favore
the key for room 12, please

possiamo pagare il conto, per favore?
could we pay the bill, please?

bisogna lasciare la camera entro mezzogiorno
check-out time is midday

46 Il Campeggio e Gli Ostelli Della Gioventù

Campsites and youth hostels

andare in campeggio	to go camping
fare campeggio libero	to camp in the wild
viaggiare con la roulotte	to go caravanning
fare l'autostop	to hitch-hike
piantare la tenda	to pitch the tent
smontare la tenda	to take down the tent
dormire all'aperto	to sleep out in the open
il campeggio	camping; campsite
un campeggiatore, una campeggia- trice	camper
un (un')autostoppista	hitch-hiker
l'attrezzatura da campeggio	camping equipment
una tenda	tent
un lettino da campo	camp bed
un materassino gonfiabile	air mattress
la soprattenda	fly sheet
un picchetto	peg
un tirante	rope
il fuoco	fire
il falò *(inv)*	campfire
i fiammiferi	matches
il (gas) butano	butane gas
una bombola di gas	gas bottle

un fornello da campeggio	camping stove
il ricambio	refill
il barbecue	barbecue
una borraccia	water bottle
un martello	hammer
un temperino	penknife
un secchio	bucket
una torcia	torch
una bussola	compass
i servizi igienici	toilet block
le docce	showers
i gabinetti	toilets
l'acqua potabile	drinking water
un bidone della spazzatura	rubbish bin
una zanzara	mosquito
l'area giochi	play area
il miniclub	kids' club
un animatore, un'animatrice	activity leader
un campeggio per roulotte	caravan site
una roulotte *(inv)*	caravan
un camper *(inv)*	camper van
un pulmino	caravanette
un rimorchio	trailer
un ostello	hostel
un ostello della gioventù	youth hostel
il dormitorio	dormitory
una camera individuale	private room
il compagno/la compagna di stanza	roommate
un sacco a pelo	sleeping bag
la tessera (d'appartenenza)	membership card
la borraccia	canteen
la cucina	kitchen
la stanza dei giochi	games room
il coprifuoco	curfew

uno zaino	rucksack
un (una) saccopelista	backpacker
l'autostop *(m inv)*	hitch-hiking

---

possiamo accamparci qui?
may we camp here?

'divieto di campeggio'
'no camping'

vorrei un posto tenda per due giorni
I'd like a space for one tent for two days

dove possiamo parcheggiare il camper?
where can we park our camper van?

le lenzuola sono comprese
clean sheets are included

Inf **l'ostello della gioventù era uno schifo, ma i miei compagni di stanza erano simpatici**
the youth hostel was a dump but my roommates were cool

---

47 AL MARE

AT THE SEASIDE

nuotare	to swim
fare il bagno	to go swimming
galleggiare	to float
sguazzare	to splash about
tuffarsi	to dive
fare immersione	to go scuba diving
fare snorkeling	to go snorkelling
fare surf	to go surfing
fare windsurf	to go windsurfing
fare sci acquatico	to go waterskiing
fare parapendio	to go parascending
annegare	to drown
prendere il sole	to sunbathe
abbronzarsi	to get a tan
scottarsi	to get sunburnt
spellarsi	to peel
scavare	to dig
avere il mal di mare	to be seasick
remare	to row
affondare	to sink
rovesciarsi	to capsize
imbarcarsi	to go on board
sbarcare	to disembark
ombroso	shady *(place)*
soleggiato	sunny *(place)*
abbronzato	tanned
all'ombra	in the shade

al sole	in the sun
a bordo (di)	on board
il mare	sea
la spiaggia	beach
la riva	shore
un trampolino	diving board
una cabina	beach hut
la sabbia	sand
la duna	sand dune
i ciottoli	pebbles, shingle
uno scoglio	rock
una scogliera	cliff
il sale	salt
un'onda	wave
la alta/la bassa marea	high/low tide
la corrente	current
la costa	coast
un porto	harbour
un molo	pier, jetty
un pontile	landing pier, jetty
una marina	marina
il lungomare	seafront, esplanade
un lunapark	funfair
il fondale (marino)	sea bed
un faro	lighthouse
un bagnino, una bagnina	lifeguard
un (una) bagnante	bather
un nuotatore, una nuotatrice	swimmer
un (una) surfista	surfer
un (una) windsurfista	windsurfer
un capitano	captain
una conchiglia	shell
un pesce	fish
un granchio	crab

una cozza	mussel
una stella di mare	starfish
una medusa	jellyfish
un riccio di mare	sea urchin
uno squalo	shark
un delfino	dolphin
un gabbiano	seagull

le imbarcazioni — boats

una nave	ship
una barca (a motore)	(motor)boat
una barca a remi	rowing boat
una barca a vela	sailing boat
un motoscafo	speedboat
un veliero	sailing ship
uno yacht *(inv)*	yacht
una nave da crociera	cruise ship
un traghetto	ferry
un canotto	(rubber) dinghy
un moscone	pedalo
un remo	oar
una vela	sail
un'ancora	anchor
una gita in barca	boat trip
un relitto	wreck

gli articoli da spiaggia — things for the beach

un costume da bagno	swimsuit; trunks
i calzoncini da bagno	swimming trunks
uno slip *(inv)*	trunks
un bikini® *(inv)*	bikini
le infradito	flip-flops
una cuffia da bagno	swimming cap
una maschera	mask
un respiratore (a tubo)	snorkel
le pinne	flippers
un salvagente	rubber ring
una boa	buoy

una tavola del surf	surfboard
un materassino (gonfiabile)	Lilo®
una sedia a sdraio	deckchair
una sdraio	sun lounger
un asciugamano	beach towel
un ombrellone	beach umbrella, parasol
un paravento	windbreak
un cappello per il sole	sunhat
gli occhiali da sole	sunglasses
l'olio solare	suntan oil
la crema solare	suntan lotion
la crema solare a protezione totale	sunblock
il doposole	aftersun
una paletta	spade
un secchiello	bucket
un castello di sabbia	sandcastle
un Frisbee® *(inv)*	Frisbee®
una palla, un pallone	ball
un picnic	picnic
il bar sulla spiaggia	beach bar

'divieto di balneazione'
'no bathing'

non so nuotare
I can't swim

qui non si tocca
I'm out of my depth

ahi! mi ha punto una medusa
ouch! I've been stung by a jellyfish

mi puoi spalmare la crema solare sulla schiena?
can you put some suncream on my back?

è rosso come un gambero
he's as red as a lobster

Inf **fa un caldo pazzesco!**
it's a real scorcher!

Geographical terms

una carta geografica	map
un atlante (geografico)	atlas
un continente	continent
un paese	country
un paese in via di sviluppo	developing country
una regione	area
una provincia	district
una metropoli *(inv)*	big city
una città *(inv)*	city, town
un paese	village
una capitale	capital city
una montagna	mountain
una catena montuosa	mountain range
una collina	hill
una scogliera	cliff
una vetta	summit, peak
un passo	pass
una valle	valley
la campagna	country, countryside
una pianura	plain
un altopiano	plateau
un ghiacciaio	glacier
un vulcano	volcano
una grotta	cave
una stalattite	stalactite
una stalagmite	stalagmite
il mare	sea
l'oceano	ocean

un lago	lake
uno stagno	pool, pond
una palude	marsh, swamp
una laguna	lagoon
un fiume	river
un ruscello	stream
un torrente	torrent; (mountain) stream
un canale	canal; channel
una sorgente	spring
la costa	coast
un'isola	island
una penisola	peninsula
un promontorio	promontory
una baia	bay
un golfo	gulf
un estuario	estuary
un deserto	desert
un bosco	wood
una foresta	forest
la foresta equatoriale	rainforest
la giungla	jungle
la latitudine	latitude
la longitudine	longitude
l'altitudine *(f)*	altitude
la profondità *(inv)*	depth
la superficie	area
la popolazione	population
il mondo	world
l'universo	universe
i tropici	tropics
il polo Nord	North Pole
il polo Sud	South Pole
l'equatore *(m)*	Equator

la terra	earth
il sole	sun
la luna	moon
il sistema solare	solar system
un pianeta	planet
Mercurio	Mercury
Venere	Venus
Terra	Earth
Marte	Mars
Giove	Jupiter
Saturno	Saturn
Uranio	Uranus
Nettuno	Neptune
Plutone	Pluto
una stella	star
una stella cadente	shooting star
una cometa	comet
una costellazione	constellation
la via lattea	Milky Way

qual è la montagna più alta d'Europa?
what is the highest mountain in Europe?

I Paesi Bassi sono un paese piatto
the Netherlands is a flat country

la Terra gira intorno al Sole
the Earth moves around the Sun

See also sections

49 COUNTRIES, CONTINENTS, ETC *and* **50 NATIONALITIES.**

49 I PAESI, I CONTINENTI, ECC.

COUNTRIES, CONTINENTS ETC

i paesi	countries
l'Afghanistan *(m)*	Afghanistan
l'Albania	Albania
l'Algeria	Algeria
l'Arabia Saudita	Saudi Arabia
l'Argentina	Argentina
l'Australia	Australia
l'Austria	Austria
il Belgio	Belgium
la Bosnia	Bosnia
il Brasile	Brazil
la Bulgaria	Bulgaria
il Canada	Canada
il Cile	Chile
la Cina	China
Cipro *(f)*	Cyprus
la Città del Vaticano	Vatican City
la Croazia	Croatia
la Danimarca	Denmark
l'Egitto	Egypt
l'Eire *(f)*	Eire
l'Estonia	Estonia
la Finlandia	Finland
la Francia	France
il Galles	Wales
la Germania	Germany
il Giappone	Japan
la Gran Bretagna	Great Britain

la Grecia	Greece
la Groenlandia	Greenland
Hong Kong (f)	Hong Kong
l'Indonesia	Indonesia
l'India	India
l'Inghilterra	England
l'Iran (m)	Iran
l'Iraq (m)	Iraq
l'Irlanda del Nord	Northern Ireland
l'Islanda	Iceland
l'Israele	Israel
l'Italia	Italy
la Jugoslavia	Yugoslavia
la Lettonia	Latvia
il Libano	Lebanon
la Libia	Libya
la Lituania	Lithuania
il Lussemburgo	Luxembourg
Malta	Malta
il Marocco	Morocco
il Messico	Mexico
la Norvegia	Norway
la Nuova Zelanda	New Zealand
l'Olanda	Holland
i Paesi Bassi	Netherlands
il Pakistan	Pakistan
la Palestina	Palestine
la Polonia	Poland
il Portogallo	Portugal
il Regno Unito	United Kingdom
la Repubblica Ceca	Czech Republic
la Repubblica Sudafricana	Republic of South Africa
la Romania	Romania
la Russia	Russia
San Marino	San Marino
la Scozia	Scotland
Singapore	Singapore

la Siria	Syria
la Slovacchia	Slovakia
la Slovenia	Slovenia
la Spagna	Spain
gli Stati Uniti	United States
il Sudafrica	South Africa
la Svezia	Sweden
la Svizzera	Switzerland
la Tailandia	Thailand
la Tunisia	Tunisia
la Turchia	Turkey
l'Ungheria	Hungary
l'Unione Sovietica	Soviet Union
gli USA	USA

i continenti   continents

l'Africa	Africa
l'America	America
l'America del nord	North America
l'America del sud	South America
l'Antartide	Antarctica
l'Asia	Asia
l'Australia	Australia
l'Europa	Europe

le città   cities

Amsterdam	Amsterdam
Atene	Athens
Belfast	Belfast
Berlino	Berlin
Cardiff	Cardiff
Copenhagen	Copenhagen
Dublino	Dublin
Edimburgo	Edinburgh
Firenze	Florence
Genova	Genoa
Helsinki	Helsinki
Il Cairo	Cairo

Lisbona	Lisbon
Londra	London
Lussemburgo	Luxembourg
Madrid	Madrid
Mantova	Mantua'
Milano	Milan
Mosca	Moscow
Napoli	Naples
Oslo	Oslo
Pechino	Beijing
Praga	Prague
Roma	Rome
Shanghai	Shanghai
Stoccolma	Stockholm
Tallinn	Tallinn
Tokyo	Tokyo
Torino	Turin
Venezia	Venice
Vienna	Vienna
Varsavia	Warsaw

le regioni — regions

i Balcani	Balkans
l'Oriente *(m)*	the East
l'Occidente *(m)*	the West
l'Europa occidentale/orientale/ centrale	Western/Eastern/Central Europe
il Medio Oriente	Middle East
l'Estremo Oriente	Far East
il Golfo Persico	Gulf
il terzo mondo	the Third World
la Lombardia	Lombardy
la Puglia	Apulia
il Piemonte	Piedmont
la Toscana	Tuscany
il Veneto	Veneto
il Friuli-Venezia Giulia	Friuli-Venezia Giulia

il Trentino Alto Adige	Trentino Alto Adige
la Val d'Aosta	Valle d'Aosta
la Liguria	Liguria
l'Emilia Romagna	Emilia Romagna
la Basilicata	Basilicata
la Campania	Campania
l'Abruzzo	Abruzzo
il Molise	Molise
la Calabria	Calabria
le Marche	Marches
l'Umbria	Umbria
il Lazio	Lazio

mari, fiumi, laghi e montagne

seas, rivers, lakes and mountains

il (mar) Mediterraneo	Mediterranean (Sea)
il mare Adriatico	Adriatic Sea
il mar Tirreno	Tyrrhenian Sea
il mar Ionio	Ionian Sea
il mare del Nord	North Sea
l'oceano Atlantico	Atlantic Ocean
l'oceano Pacifico	Pacific Ocean
l'oceano Indiano	Indian Ocean
l'oceano Artico	the Arctic Ocean
il canale della Manica	English Channel
il Tamigi	Thames
il Tevere	Tiber
il Po	Po
l'Arno	Arno
il monte Bianco	Mont Blanc
il lago di Garda	Lake Garda
le Alpi	Alps
le Ande	the Andes
gli Appennini	Apennines
l'Hymalaia *(m)*	the Himalayas
le Montagne Rocciose	the Rockies
i Pirenei	the Pyrenees

isole	**islands**
le Bahamas	Bahamas
le Baleari	Balearics
le Barbados	Barbados
le Bermuda	Bermuda
le Canarie	the Canaries
Corfù *(f)*	Corfu
Creta *(f)*	Crete
le Ebridi	Hebrides
l'Elba	Elba
le Fiji	Fiji
le Filippine	Philippines
la Giamaica	Jamaica
le Indie occidentali	West Indies
le isole Feroe	Faroe Isalnds
le isole Vergini	Virgin Islands
il Madagascar	Madagascar
le Maldive	Maldives
le Malvine	Falkland Islands
le Mauritius	Mauritius
le Orcadi	Orkneys
Porto Rico *(m)*	Puerto Rico
la Sardegna	Sardinia
le Seychelles	Seychelles
le Shetland	Shetlands
la Sicilia	Sicily
Trinidad e Tobago	Trinidad and Tobago

---

mi piacerebbe andare in Cina
I would like to go to China

ho passato le vacanze in Italia
I spent my holidays in Italy

abito a Dover, in Inghilterra
I live in Dover, in England

vengono da Roma
they come from Rome

Note

★ Most names of countries and regions take the article in Italian:

un paesino nel nord della Scozia
a little village in northern Scotland

★ The preposition in, which means both 'in' and 'to', is generally not used with the article:

abitiamo in Toscana   **andiamo in Francia**   **siamo stati in Canada**
we live in Tuscany   we're going to France   we've been to Canada

★ With names of cities and islands, the preposition a is used instead of in:

abito a Roma   **andiamo a Roma**
I live in Rome   we're going to Rome

eravamo alle Seychelles   **andiamo alle Seychelles**
we were in the Seychelles   we're going to the Seychelles

See also section

50 NATIONALITIES.

i paesi	countries
straniero	foreign
afghano	Afghan
albanese	Albanian
algerino	Algerian
americano	American
argentino	Argentinian
australiano	Australian
austriaco	Austrian
belga	Belgian
bosniaco	Bosnian
brasiliano	Brazilian
britannico	British
bulgaro	Bulgarian
canadese	Canadian
cileno	Chilean
cinese	Chinese
croato	Croatian
cipriota	Cypriot
danese	Danish
egiziano	Egyptian
estone	Estonian
fiammingo	Flemish
finlandese	Finnish
francese	French
gallese	Welsh
giapponese	Japanese
greco	Greek
indiano	Indian

indonesiano	Indonesian
inglese	English
irlandese	Irish
islandese	Icelandic
iraniano	Iranian
iracheno	Iraqi
israeliano	Israeli
italiano	Italian
lettone	Latvian
libanese	Lebanese
libico	Libyan
lituano	Lithuanian
lussemburghese	from Luxembourg
maltese	Maltese
marocchino	Moroccan
messicano	Mexican
neozelandese	from New Zealand
norvegese	Norwegian
olandese	Dutch
pakistano	Pakistani
palestinese	Palestinian
polacco	Polish
portoghese	Portuguese
romeno	Romanian
russo	Russian
saudita	Saudi Arabian
scandinavo	Scandinavian
scozzese	Scottish
slovacco	Slovakian
sloveno	Slovenian
sovietico	Soviet
spagnolo	Spanish
sudafricano	South African
svedese	Swedish
svizzero	Swiss
tailandese	Thai
tedesco	German

tunisino	Tunisian
turco	Turkish
ucraino	Ukrainian
ungherese	Hungarian

le regioni e le città   **areas and cities**

orientale	Oriental
occidentale	Western
africano	African
asiatico	Asian
europeo	European
arabo	Arabic
romano	Roman
milanese	Milanese
fiorentino	Florentine
napoletano	Neapolitan
veneziano	Venetian

gli italiani bevono molto vino	**mi piace la cucina cinese**
the Italians drink a lot of wine	I like Chinese food

See also section

51 LANGUAGES.

51 LE LINGUE
LANGUAGES

imparare	to learn
imparare a memoria	to learn by heart
memorizzare	to memorise
studiare	to study
capire	to understand
scrivere	to write
leggere	to read
parlare	to speak
ripetere	to repeat
fare pratica in	to practise
pronunciare	to pronounce
tradurre	to translate
migliorare	to improve
voler dire	to mean
cercare	to look up
essere bilingue	to be bilingual
il francese	French
l'inglese *(m)*	English
il tedesco	German
lo spagnolo	Spanish
l'italiano	Italian
il greco (moderno)	(modern) Greek
il greco antico	classical Greek
il latino	Latin
il russo	Russian
l'arabo	Arabic
il cinese	Chinese
il giapponese	Japanese
il gaelico	Gaelic

una lingua	language
una lingua straniera	foreign language
le lingue moderne	modern languages
un dialetto	dialect
il gergo	slang
la lingua materna	mother tongue
un (un')insegnante di lingue	language teacher
un lettore, una lettrice	language assistant
il laboratorio linguistico	language laboratory
il vocabolario	vocabulary
la grammatica	grammar
l'accento	accent
la pronuncia	pronunciation
una traduzione	translation
un dizionario bilingue/monolingue	bilingual/monolingual dictionary
un dizionario dei sinonimi	thesaurus

non capisco
I don't understand

sto imparando l'italiano
I am learning Italian

la sua lingua materna è l'inglese
English is his/her mother tongue

Stefano è portato per le lingue
Stefano is good at languages

tradurre in/dall'inglese
translate into/from English

cercalo nel dizionario
look it up in the dictionary

Inf **riesco a malapena a mettere insieme due parole!**
I can hardly string two words together!

See also section

50 NATIONALITIES.

52 I Piccoli Incidenti

Incidents

succedere	to happen
capitare	to happen
accadere	to occur
avvenire	to take place
incontrare	to meet
coincidere	to coincide
scontrarsi	to collide
mancare	to miss
far cadere	to drop
rovesciare	to spill, to knock over
macchiare	to stain
(s)battere contro	to knock against
cadere	to fall
rovinare	to spoil
inciampare	to trip
danneggiare	to damage
rompere	to break
causare	to cause
provocare	to cause, to provoke
fare attenzione	to be careful
distrarsi	to be distracted
dimenticare, dimenticarsi	to forget
perdere	to lose
cercare	to look for
frugare	to search
riconoscere	to recognize
trovare	to find
ritrovare	to find (again)

perdersi	to get lost
smarrirsi	to lose one's way
distratto	absent-minded
maldestro	clumsy
disattento	careless
imprevisto	unexpected
per sbaglio	accidentally
per caso	by chance
purtroppo	unfortunately
una coincidenza	coincidence
una sorpresa	surprise
la fortuna	luck
la sfortuna	bad luck
una disgrazia	misfortune
il caso	chance
un incontro	meeting
uno scontro	collision
la sbadataggine	carelessness
la distrazione	forgetfulness
una caduta	fall
un danno	damage
una dimenticanza	oversight
una perdita	loss
l'ufficio oggetti smarriti	lost-property office
una ricompensa	reward

attento!, attenzione!	**che combinazione!**
watch out!	what a coincidence!
è caduto	**sono caduto dalle scale**
he fell over	I fell down the stairs

mi dispiace, mi è sfuggito di mente
sorry, it slipped my mind

che peccato!
what a pity!

la mia solita fortuna!
just my luck!

Inf **che sfortunaccia!**
what rotten luck!

Note

False friend: the Italian word **succedere** means 'to happen'. The word for 'to succeed' is **riuscire** or **avere successo**.

 Homework help

One day, I ...
Un giorno, ...

Once I was in town/at the beach and ...
Una volta, ero in città/in spiaggia e ...

Once when I was walking home/playing football ...
Una volta, mentre andavo verso casa/giocavo a calcio, ...

A few weeks/years ago ...
Qualche settimana/anno fa, ...

Last year ...
L'anno scorso, ...

And then ...
E poi, ...

After that ...
Dopo, ...

Suddenly ...
Di colpo, ...

Soon ...
Poco dopo, ...

Later ...
Dopo, ...

Finally ...
Alla fine, ...

53 GLI INCIDENTI

ACCIDENTS

guidare	to drive
non dare la precedenza	not to give way
passare con il rosso	to go through a red light
non fermarsi allo stop	to ignore a stop sign
sbandare	to skid
fare un testa-coda	to spin
scoppiare	to burst
perdere il controllo di	to lose control of
cappottare	to somersault
andare a sbattere contro	to run into
investire	to run down, to run over
sfasciare	to wreck, to smash
demolire	to demolish
danneggiare	to damage
bloccare	to block
distruggere	to destroy
prendere fuoco	to catch fire
rimanere intrappolato	to be trapped
scappare	to escape
soccorrere	to rescue
chiamare i soccorsi	to call the emergency services
essere in stato di shock	to be in shock
perdere conoscenza	to lose consciousness
riprendere conoscenza	to regain consciousness
essere in coma	to be in a coma
morire sul colpo	to die instantly
essere testimone di	to witness
indagare	to investigate
fare una denuncia	to draw up a report
indennizzare	to compensate

scivolare	to slip, to slide
annegare	to drown
soffocare	to suffocate
cadere (da)	to fall (from)
cadere dalla finestra	to fall out of the window
prendere la scossa	to get an electric shock
rimanere fulminato	to electrocute oneself
bruciarsi	to burn oneself
scottarsi	to scald oneself
tagliarsi	to cut oneself
ubriaco	drunk
ferito	injured
morto	dead
grave	serious
fatale	fatal
lieve	minor

gli incidenti stradali — road accidents

un incidente	accident
un incidente d'auto	car accident
un incidente stradale	road accident
un incidente autostradale	motorway accident
il codice della strada	Highway Code
uno scontro	car crash
un tamponamento a catena	pile-up
l'urto	impact
l'airbag	airbag
un'esplosione	explosion
la corsia d'emergenza	hard shoulder
l'eccesso di velocità	speeding
l'alcotest® *(m inv)*	Breathalyser®, breath test
la guida in stato di ubriachezza	drink-driving
la scarsa visibilità	poor visibility
la nebbia	fog
la pioggia	rain

il ghiaccio	(black) ice
un danno	damage

altri incidenti | other accidents

un infortunio sul lavoro	industrial accident
un incidente di montagna	mountaineering accident
un disastro ferroviario	train wreck
un incidente aereo	plane crash
una caduta	fall
l'annegamento	drowning
una scossa elettrica	electric shock
un incendio	fire

i feriti e i testimoni | injured persons and witnesses

un contuso	slightly injured person
un ferito	injured person
un ferito grave	seriously injured person
un morto	dead person
una vittima	victim
un sopravvissuto, una sopravvissuta	survivor
un (una) testimone	witness
una commozione cerebrale	concussion
una ferita	injury
un'ustione	burn

i soccorsi | help

i servizi di pronto intervento	emergency services
la polizia	police
un (un')agente di polizia	police officer
i carabinieri	military police
un'auto della polizia	police car
i vigili del fuoco	fire brigade
un vigile del fuoco	firefighter
un'autopompa	fire engine

il pronto soccorso	first aid
un'ambulanza	ambulance
un paramedico	paramedic
un dottore, una dottoressa	doctor
una valigetta del pronto soccorso	first-aid kit
una lettiga	stretcher
la respirazione artificiale	artificial respiration
la respirazione bocca a bocca	kiss of life
l'ossigeno	oxygen
un estintore	extinguisher
un idrante	hose
il soccorso stradale	breakdown service
un carro attrezzi	breakdown vehicle

le conseguenze — the consequences

l'assicurazione *(f)*	insurance
la responsabilità *(inv)*	responsibility
un'indagine	investigation
una denuncia	report
il tribunale	court
un processo	trial
la giustizia	justice
i danni	damages
il risarcimento	compensation
una multa	fine
una condanna	sentence

aiuto!
help!

andate a cercare aiuto
go and get help

chiamate un'ambulanza
call an ambulance

ho assistito all'incidente
I witnessed the crash

è stato/a investito/a da una moto
he/she got run over by a motorbike

se l'è cavata con qualche graffio
he/she escaped with only a few scratches

la mia macchina è da buttar via
my car is a write-off

gli/le hanno ritirato la patente
he/she lost his/her licence

See also sections

6 HEALTH, ILLNESSES AND DISABILITIES, 26 CARS, 30 WHAT'S THE WEATHER LIKE? *and* **54 DISASTERS.**

54 LE CATASTROFI
DISASTERS

attaccare	to attack
difendere	to defend
crollare	to collapse
morir(e) di fame	to starve
eruttare	to erupt
esplodere	to explode
scoppiare	to blow up, to explode
tremare	to shake
soffocare	to suffocate
strozzarsi	to choke *(oneself)*
bruciare	to burn
estinguere	to extinguish
spegnere	to put out
dare l'allarme	to raise the alarm
affondare	to sink
trarre in salvo	to rescue
ristabilire l'ordine	to restore order
mantenere la pace	to keep the peace

la guerra	war
la guerra civile	civil war
il campo di battaglia	battlefield
un attentato terroristico	terrorist attack
un bombardamento	bombing
la guerra biologica	biological warfare
una bomba	bomb
una granata	grenade
un missile	missile
un razzo	rocket
un proiettile	bullet
un carro armato	tank

un'arma	weapon
le armi nucleari	nuclear weapons
le armi chimiche	chemical weapons
le armi di distruzione di massa	weapons of mass destruction
un fucile	gun
una mitragliatrice	machine-gun
una mina	mine
le forze armate	the armed forces
l'esercito	army
la marina (militare)	navy
l'aeronautica (militare)	air force
un rifugiato, una rifugiata	refugee
un soldato	soldier
un generale	general
un colonnello	colonel
un capitano	captain
un maggiore	Major
un sergente	sergeant
le forze di mantenimento della pace	peacekeeping forces
i civili	civilians
il nemico	enemy
un alleato	ally
la crudeltà *(inv)*	cruelty
la tortura	torture
la morte	death
una ferita	wound
una vittima	victim
un rifugio antiaereo	air-raid shelter
una tregua	truce
un trattato	treaty
la vittoria	victory
la sconfitta	defeat
la pace	peace

le calamità naturali | natural disasters

la siccità *(inv)*	drought
la carestia	famine
la denutrizione	malnutrition
la mancanza di	lack of
un'epidemia	epidemic
un uragano	hurricane
un tornado *(inv)*	tornado
un ciclone	cyclone
un maremoto	tidal wave
uno tsunami	tsunami
un'alluvione	flood, flooding
un'inondazione	flooding
un terremoto	earthquake
un vulcano	volcano
un'eruzione vulcanica	volcanic eruption
la lava	lava
una valanga	avalanche
una frana	landslide
un salvataggio	rescue
le operazioni di soccorso	rescue operations
una squadra di soccorso	rescue team
un ente assistenziale	aid agency
la Croce Rossa	the Red Cross
l'aiuto umanitario	humanitarian aid
un volontario, una volontaria	volunteer
la raccolta di fondi	fundraising
l'acqua potabile	drinking water
un pacco viveri	food parcel
i medicinali	medication
le coperte	blankets
un riparo	shelter

gli incendi | fires

il fuoco	fire
un incendio	blaze

il fumo	smoke
le fiamme	flames
un'esplosione	explosion
i vigili del fuoco	fire brigade
un vigile del fuoco	firefighter
un'autopompa	fire engine
una scala	ladder
un idrante	hose
l'uscita di sicurezza	emergency exit
il panico	panic
un'(auto)ambulanza	ambulance
la respirazione artificiale	artificial respiration
un sopravvissuto, una sopravvissuta	survivor

al fuoco!
fire!

casa nostra era allagata
our home was flooded

i vigili del fuoco sono riusciti a domare le fiamme
firefighters brought the blaze under control

i terremoto ha lasciato migliaia di persone senza una casa
the earthquake has left thousands of people homeless

un vulcano ha eruttato in Giappone
a volcano has erupted in Japan

la fame potrebbe costare la vita a milioni di persone
the famine could claim millions of lives

c'è una guerra civile in corso in Sierra Leone
there is a civil war going on in Sierra Leone

la Gran Bretagna è entrata in guerra con la Germania nel 1939
Britain went to war with Germany in 1939

stiamo combattendo una guerra contro il terrore
we are fighting a war on terror

 Homework help

The biggest problem in the world today is ...
Il problema principale oggi nel mondo è ...

I think it's terrible that ... **Penso che sia terribile che ...**	people are dying of starvation. **la gente muoia di fame.**
	children can't go to school. **i bambini non possano andare a scuola.**
	people have lost their homes. **la gente abbia perso la casa.**
	innocent people are being killed/tortured. **delle persone innocenti vengano uccise/torturate.**
The most important thing is to ... **La cosa più importante è ...**	rescue the victims. **soccorrere le vittime.**
	feed the children. **nutrire i bambini.**
	educate people. **educare la gente.**
	destroy the regime. **abbattare il regime.**
	establish peace. **instaurare la pace.**
We can help by ... **Possiamo essere d'aiuto ...**	giving money to charity. **dando dei soldi agli enti di beneficenza.**

writing to our MPs.
srivendo ai nostri parlamentari.

volunteering in the community.
**facendo volontariato nella
    comunità.**

raising awareness.
risvegliando le coscienze.

boycotting these products.
boicottando questi prodotti.

See also section

34 TOPICAL ISSUES *and* **53 ACCIDENTS.**

commettere un reato	to commit an offence
rubare	to steal
svaligiare	to burgle; to rob
assassinare	to murder, to assassinate
uccidere	to kill
ammazzare	to kill, to murder
pugnalare	to stab
strangolare	to strangle
sparare (a)	to shoot
avvelenare	to poison
assalire	to attack
pestare	to beat up
forzare	to force
violentare	to rape
stuprare	to rape
ricattare	to blackmail
truffare	to swindle
imbrogliare	to con
appropriarsi indebitamente	to embezzle
sottrarre fondi a	to defraud
spiare	to spy
prostituirsi	to prostitute oneself
drogare	to drug
rapire	to kidnap
sequestrare	to abduct
prendere in ostaggio	to take hostage
dirottare	to hijack
dar fuoco a	to set fire to
far saltare in aria	to blow up
danneggiare	to damage

acchiappare	to catch
arrestare	to arrest
scappare	to escape
indagare	to investigate
interrogare	to question, to interrogate
perquisire	to search
avere dei precedenti penali	to have a police record
ammanettare	to handcuff
mettere in prigione	to imprison
circondare	to surround
metter dentro	to lock up
salvare	to rescue
difendere	to defend
accusare	to accuse
incriminare	to charge
processare	to try
condannare	to sentence
riconoscere colpevole	to convict
assolvere	to acquit
rilasciare	to release
essere messo sotto custodia cautelare	to be remanded in custody
essere rilasciato su cauzione	to be released on bail
colpevole	guilty
innocente	innocent
legale	legal
illegale	illegal

il crimine — crime

un furto	theft
il borseggio	pickpocketing
un furto con scasso	burglary
una rapina	hold-up
una rapina a mano armata	armed robbery
un dirottamento aereo	hijacking

un attacco	attack
un assalto	assault
un'aggressione a mano armata	armed attack
un'aggressione a scopo di rapina	mugging
un omicidio	murder
l'omicidio colposo	manslaughter
un'aggressione sessuale	sexual assault
uno stupro	rape
gli abusi	abuse
la crudeltà	cruelty
la negligenza	neglect
un sequestro di persona	abduction, kidnapping
una truffa	fraud
un ricatto	blackmail
un'estorsione	extortion
un furto di identità	identity theft
il traffico di stupefacenti	drug trafficking
il contrabbando	smuggling
lo spionaggio	spying
la prostituzione	prostitution
il terrorismo	terrorism
il vandalismo	vandalism
la delinquenza giovanile	juvenile delinquency
il disturbo della quiete pubblica	breach of the peace
un (una) criminale	criminal
un pregiudicato, una pregiudicata	previous offender
un (una) complice	accomplice
un (una) minore	minor
un assassino, un'assassina	murderer
un (una) serial killer	serial killer
un aggressore, un'aggreditrice	attacker
uno stupratore	rapist
uno scassinatore, una scassinatrice	burglar
un rapinatore armato	armed robber
un ladro, una ladra	thief

un borseggiatore, una borseggiatrice	pickpocket
un falsario, una falsaria	forger
un (una) trafficante di droga	drug dealer
un contrabbandiere, una contrabbandiera	smuggler
un ruffiano	pimp
i trafficanti di esseri umani	people traffickers
il rapitore, la rapitrice	kidnapper
un ostaggio	hostage
la malavita	the underworld

le armi — **weapons**

una pistola	pistol
un fucile	gun, rifle
una rivoltella	revolver
un fucile ad aria compressa	air rifle
un coltello	knife
un pugnale	dagger
un veleno	poison
un tirapugni	knuckleduster
un pugno	punch
un calcio	kick

la polizia e i carabinieri — **police**

un poliziotto	police officer
un carabiniere	member of the military police
un poliziotto in borghese	plain-clothes police officer
un investigatore, un'investigatrice	detective
un commissario	superintendent
un ispettore (di polizia)	(police) inspector
la (squadra del) buoncostume	vice squad
la repressione frodi	fraud squad
un commissariato	police station
un verbale	report
le indagini	investigations
un'inchiesta	enquiry
un indizio	clue

le prove	evidence
un'irruzione	raid
un cane poliziotto	police dog
un cane antidroga	sniffer dog
un informatore, un'informatrice	informer
un manganello	truncheon
le manette	handcuffs
un casco	helmet
uno scudo	shield
il gas lacrimogeno *(inv)*	tear gas
un (furgone) cellulare	police van
un'auto della polizia	police car
una sirena	siren

il sistema giudiziario the judicial system

il tribunale	court
un caso (giudiziario)	case
un processo	trial
l'accusato, l'accusata	accused
la vittima	victim
una prova	evidence
un (una) testimone	witness
un avvocato	lawyer
un giudice	judge
un magistrato	magistrate
i giurati	jurors
la difesa	defence
la condanna	sentence
la condizionale	suspended sentence
una riduzione della pena	reduced sentence
un'ammenda	fine
il servizio civile	community service
la libertà vigilata	probation
la reclusione	imprisonment
la prigione	prison

il carcere	prison
l'ergastolo	life sentence
la pena di morte	death sentence
la sedia elettrica	electric chair
l'impiccagione *(f)*	hanging
un errore giudiziario	miscarriage of justice
la riabilitazione	rehabilitation

---

al ladro!
stop thief!

dovrebbero metterli in galera!
they should be locked up!

è stato/a condannato/a a 20 anni di reclusione
he/she was sentenced to 20 years' imprisonment

la polizia sta indagando su questo caso
the police are investigating this case

lui l'ha minacciata con la pistola
he threatened her with a gun

l'ha truffata rubandole i risparmi di una vita
he/she conned her out of her life savings

Inf **è in galera**
he's/she's in the slammer

Inf **mi hanno fregato la bici**
my bike got nicked

---

56 LE AVVENTURE E I SOGNI

ADVENTURES AND DREAMS

giocare	to play
divertirsi	to have fun
immaginare	to imagine
succedere	to happen
nascondersi	to hide
scappare	to escape
rincorrere	to chase
scoprire	to discover
esplorare	to explore
osare	to dare
stregare	to bewitch
predire il futuro	to tell fortunes
(tra)vestirsi (da)	to dress up (as)
far finta	to pretend
giocare a nascondino	to play hide-and-seek
sognare	to dream
sognare ad occhi aperti	to daydream
fare un sogno	to have a dream
avere un incubo	to have a nightmare

le avventure — adventures

un'avventura	adventure
un gioco	game
un viaggio	journey
una fuga	escape (*from place, person, danger*)
un'evasione	escape (*from prison*)
un travestimento	disguise

un avvenimento	event
una scoperta	discovery
il caso	chance
la fortuna	luck
la sfortuna	bad luck
un pericolo	danger
un rischio	risk
un nascondiglio	hiding place
una grotta	cave
un'isola	island
un tesoro	treasure
il coraggio	courage
la vigliaccheria	cowardice

le favole e le leggende   fairy tales and legends

una principessa	princess
un bel principe	handsome prince
la matrigna cattiva	wicked stepmother
un mago, una maga	wizard/sorceress
una strega	witch
uno stregone	sorcerer
un genio	genie
una fata	fairy
un (una) chiromante	palm reader
uno gnomo	gnome
un diavoletto	imp
un folletto	elf
un elfo	elf
un nano	dwarf
un gigante	giant
un orco	ogre
un fantasma	ghost
uno spirito	spirit, ghost
uno scheletro	skeleton
un pirata	pirate
un vampiro	vampire
un drago	dragon

un lupo mannaro	werewolf
un mostro	monster
un orco	ogre
un (un')extraterrestre	alien
un gufo	owl
un rospo	toad
un gatto nero	black cat
un pipistrello	bat
un castello incantato	enchanted castle
un cimitero	cemetery
una foresta	forest
una nave spaziale	spaceship
un ufo *(inv)*	UFO
la magia	magic
un incantesimo	spell
una pozione magica	magic potion
la superstizione	superstition
un segreto	secret
una bacchetta magica	magic wand
un tappeto volante	flying carpet
una scopa	broomstick
una sfera di cristallo	crystal ball
i tarocchi	tarot cards
le linee della mano	lines of the hand
la luna piena	full moon
il lieto fine	happy ending
l'astrologia	astrology
il zodiaco	zodiac
il segno (zodiacale)	star sign
l'oroscopo	horoscope
Acquario	Aquarius
Pesci	Pisces
Toro	Taurus
Ariete	Aries
Gemelli	Gemini
Cancro	Cancer

Leone	Leo
Vergine	Virgo
Bilancia	Libra
Scorpione	Scorpio
Sagitario	Sagittarius
Capricorno	Capricorn

i sogni	**dreams**
un sogno	dream
un incubo	nightmare
l'immaginazione *(f)*	imagination
la fantasia	fantasy, imagination
l'inconscio	subconscious
un'allucinazione	hallucination

sai cosa mi è successo ieri?
do you know what happened to me yesterday?

una chiromante mi ha letto la mano
a fortune teller read my palm

credi agli spiriti?
do you believe in ghosts?

giocano ai pirati
they're pretending to be pirates

c'era una volta una principessa ...
once upon a time there was a princess ...

e vissero per sempre felici e contenti
they all lived happily ever after

Note

When talking about your star sign in Italian, you use the preposition di:

di che segno sei?
what sign are you?

sono del Toro/dell'Acquario
I'm (a) Taurus/(an) Aquarius

57 IL TEMPO

THE TIME

oggetti per misurare il tempo	**things that tell the time**
suonare	to ring; to chime
fare tic tac	to tick
fare il conto alla rovescia	to count down
cronometrare	to time
spostare le lancette avanti/ indietro	to put the clocks forward/back
un orologio	watch; clock
un orologio digitale	digital watch
una pendola	clock
una pendola	grandfather clock
un orologio a cucù	cuckoo clock
una sveglia	alarm clock
una radiosveglia	clock radio
un cronometro	stopwatch
l'ora esatta	speaking clock
il campanile	clock tower
una campana	bell
una meridiana	sundial
le lancette	hands *(of clock)*
la lancetta dei minuti	minute hand
la lancetta delle ore	hour hand
la lancetta dei secondi	second hand
un fuso orario	time zone
l'ora di Greenwich	Greenwich Mean Time (GMT)
l'ora legale	Summer Time
l'ora locale	local time

che ore è/sono?

è l'una	it's one o'clock
sono le due/le tre/le undici	it's two/three/eleven o'clock
le otto del mattino	eight am, eight (o'clock) in the morning
le otto e cinque	five (minutes) past eight
le otto e un quarto	a quarter past eight
le dieci e trenta	ten thirty
le dieci e mezza	half past ten
le undici meno venti	twenty to eleven
le undici meno un quarto	a quarter to eleven
le dodici e un quarto	twelve fifteen
le due del pomeriggio, le quattordici	two pm, two (o'clock) in the afternoon
le quattordici e trenta	two thirty (in the afternoon)
le dieci di sera, le ventidue	ten pm, ten (o'clock) in the evening

le unità di tempo

divisions of time

l'ora	time
un secondo	second
un minuto	minute
un momento	moment
un attimo	moment, instant
un'istante	instant
un quarto d'ora	quarter of an hour
una mezz'ora	half an hour
tre quarti d'ora	three quarters of an hour
un'ora	hour
un'ora e mezza	an hour and a half
il giorno	day
la giornata	day
l'alba	dawn
la mattina, il mattino	morning
la mattinata	morning
il mezzogiorno	noon
il pomeriggio	afternoon

la sera	evening
la serata	evening
il crepuscolo	dusk
il tramonto	sunset
la notte	night
la nottata	night
mezzanotte	midnight

essere in ritardo/in orario — being late/on time

partire/uscire in orario	to leave on time
essere in anticipo	to be ahead of schedule
essere puntuale	to be on time
arrivare in orario	to arrive on time
essere in ritardo	to be late
essere indietro	to be behind schedule
affrettarsi	to hurry (up)
aver fretta	to be in a hurry

quando? — when?

quando	when
prima	before
dopo	after
durante	during
mentre	while
presto	early
tardi	late

ora	now
adesso	now
al/in questo momento	at the moment
subito	straightaway
immediatamente	immediately
già	already
tra poco	shortly
a momenti	in a moment
poco fa	a short while ago
presto	soon

poi, dopo	then
dopo	afterwards; then
allora	at that time, then
di recente	recently
intanto	meanwhile
nel frattempo	in the meantime
per ora	for now, for the time being
per adesso	for now, for the time being
per tanto/breve tempo	for a long/short time
tanto tempo fa	a long time ago
sempre	always
spesso	often
mai	never
a volte	sometimes
qualche volta	sometimes

scusi, ha l'ora (esatta)?
do you have the (exact) time?

sono le due (esatte)
it's two o'clock (exactly)

sono circa le due
it's about two o'clock

è arrivato/a verso le tre
he/she arrived at around three

a che ora chiudono i negozi?
what time do the shops close?

non è ancora ora
it's not time yet

ci incontreremo alle quattro in punto
we'll meet at four o'clock sharp

non arrivare in ritardo!
don't be late!

sarà stata mezzanotte quando se n'è andato/a
it must have been midnight when he/she left

il mio orologio va avanti/ è indietro
my watch is fast/slow

ho regolato l'orologio
I've set my watch to the right time

non ho tempo di uscire
I haven't time to go out

sbrigati a vestirti
hurry up and get dressed

vado a scuola la/di mattina
I go to school in the morning

ho passato la mattinata a studiare
I spent the morning studying

bisogna spostare le lancette indietro/avanti questo fine settimana
the clocks go back/forward this weekend

c'è una differenza di fuso orario di sei ore
there's a six-hour time difference

ha corso la maratona a tempo di record
he ran the marathon in record time

58 La Settimana

The week

lunedì *(m)*	Monday
martedì *(m)*	Tuesday
mercoledì *(m)*	Wednesday
giovedì *(m)*	Thursday
venerdì *(m)*	Friday
sabato	Saturday
domenica	Sunday
il fine settimana *(inv)*	weekend
il week-end *(inv)*	weekend
un giorno	day
una giornata	day
una settimana	week
due settimane	two weeks
quindici giorni	fortnight
oggi	today
domani	tomorrow
dopodomani	the day after tomorrow
ieri	yesterday
l'altroieri, ieri l'altro	the day before yesterday
il giorno prima	the day before
il giorno dopo	the day after
l'indomani	the next day
due giorni dopo	two days later
questa settimana	this week
la settimana prossima	next week
la settimana dopo	the following week
la settimana scorsa	last week

l'ultima settimana	the last week
lunedì scorso	last Monday
lunedì prossimo	next Monday
il week-end scorso	last weekend
il week-end prossimo	next weekend
oggi (a) otto	in a week's time, a week today
fra quindici giorni	in two weeks' time
ieri mattina	yesterday morning
ieri sera	yesterday evening
stamattina	this morning
questo pomeriggio	this afternoon
stasera	this evening, tonight
stanotte	tonight
domattina	tomorrow morning
domani sera	tomorrow evening
tre giorni fa	three days ago
di giorno/di notte	during the day/night
giorno per giorno	day by day
tutti i giorni	every day
un giorno sì e un giorno no	every other day

---

giovedì sono andato/a in piscina
on Thursday I went to the swimming pool

vado in piscina tutti i giovedì
I go to the swimming pool every Thursday

a domani!   **ci vediamo lunedì**
see you tomorrow!   see you on Monday

l'ho incontrato durante il fine settimana
I met him at the weekend

Note

Note that days of the week are not written with a capital letter in Italian.

i mesi dell'anno	**the months of the year**
gennaio	January
febbraio	February
marzo	March
aprile	April
maggio	May
giugno	June
luglio	July
agosto	August
settembre	September
ottobre	October
novembre	November
dicembre	December
un mese	month
un trimestre	quarter
un anno	year
un anno bisestile	leap year
un decennio	decade
un secolo	century
un millennio	millennium
una generazione	generation
le stagioni	**the seasons**
una stagione	season
la primavera	spring
l'estate *(f)*	summer
l'autunno	autumn
l'inverno	winter
le feste	**festivals**
il compleanno	birthday

l'onomastico	name day, saint's day
un giorno festivo	public holiday
la vigilia di Natale	Christmas Eve
il Natale	Christmas
San Silvestro	New Year's Eve
il Capodanno	New Year's Day
l'Epifania	Epiphany
la Befana	Epiphany *(national holiday of 6 January)*
San Valentino	St Valentine's Day
il martedì grasso	Shrove Tuesday
le Ceneri	Ash Wednesday
il Venerdì Santo	Good Friday
il primo d'aprile	April Fools' Day
la Pasqua	Easter
il lunedì dell'Angelo	Easter Monday
la Pentecoste	Whitsun
il Ferragosto	15 August *(national holiday)*

---

il mio compleanno cade in febbraio
my birthday is in February

l'estate è la mia stagione preferita
summer is my favourite season

piove spesso d'inverno/d'estate
it often rains in winter/summer

fa abbastanza caldo in primavera/in autunno
it's quite warm in spring

Note

Note that months are not written with a capital letter in Italian.

See also sections

40 GREETINGS AND POLITE PHRASES, 57 THE TIME, 58 THE WEEK *and* **60 THE DATE.**

60 La Data

THE DATE

il presente	present
il passato	past
il futuro	future
l'avvenire *(m)*	future
la storia	history
la preistoria	prehistory
l'antichità	antiquity
il medioevo	Middle Ages
il Rinascimento	Renaissance
il Quattrocento, il '400	15th century
il Cinquecento, il '500	16th century
la rivoluzione francese	French Revolution
la rivoluzione industriale	Industrial Revolution
il ventesimo secolo	twentieth century
il Novecento	twentieth century
il millenovecentonovanta-quattro	1994
il duemilanove	2009
il 2000	year 2000
attuale	present, current
moderno	modern
passato	past
futuro	future
annuale	annual
trimestrale	quarterly
mensile	monthly
settimanale	weekly
quotidiano	daily
giornaliero	daily

in passato	in the past
una volta	once
un tempo	once upon a time
precedentemente	formerly
al giorno d'oggi	nowadays
per molto tempo	for a long time
mai	never
sempre	always
a volte	sometimes
qualche volta	sometimes
quando	when
da (quando)	since
di nuovo	again
ancora	still, yet
allora	(back) then
a quel tempo	at that time
a quei tempi	in those days
all'inizio/alla fine del secolo	at the beginning/end of the century
a metà secolo	in the middle of the century
gli anni '60/'90	the 60s/90s
a metà degli anni '50	in the mid-fifties
in futuro	in the future
avanti Cristo, a.C.	BC
dopo Cristo, d.C.	AD

che giorno è oggi?
what date is it today?

è il primo giugno 2009
it's the first of June 2009

è il 15 (di) agosto, è ferragosto
it's the 15th of August

tornerà entro il 16 (di) luglio
he/she'll be back on the 16th of July

quand'è il tuo compleanno?, quando compi gli anni?
when is your birthday?

se n'è andato/a un anno fa
he/she left a year ago

c'era una volta …
once upon a time, there was …

See also sections

57 THE TIME, 58 THE WEEK *and* **59 THE YEAR.**

61 I NUMERI

NUMBERS

zero	zero, nought
uno	one
due	two
tre	three
quattro	four
cinque	five
sei	six
sette	seven
otto	eight
nove	nine
dieci	ten
undici	eleven
dodici	twelve
tredici	thirteen
quattordici	fourteen
quindici	fifteen
sedici	sixteen
diciassette	seventeen
diciotto	eighteen
diciannove	nineteen
venti	twenty
ventuno	twenty-one
ventidue	twenty-two
ventitré	twenty-three
ventotto	twenty-eight
trenta	thirty
quaranta	forty
cinquanta	fifty
sessanta	sixty
settanta	seventy

ottanta	eighty
novanta	ninety
cento	a/one hundred
centouno	a/one hundred and one
centosessantadue	a/one hundred and sixty-two
duecento	two hundred
duecentodue	two hundred and two
mille	a/one thousand
duemila	two thousand
duemiladue	two thousand and two
cinquemila	five thousand
diecimila	ten thousand
centomila	a/one hundred thousand
un milione	a/one million
un miliardo	a/one thousand million
primo	first
secondo	second
terzo	third
quarto	fourth
quinto	fifth
sesto	sixth
settimo	seventh
ottavo	eighth
nono	ninth
decimo	tenth
undicesimo	eleventh
dodicesimo	twelfth
tredicesimo	thirteenth
quattordicesimo	fourteenth
quindicesimo	fifteenth
sedicesimo	sixteenth
diciassettesimo	seventeenth
diciottesimo	eighteenth
diciannovesimo	nineteenth
ventesimo	twentieth
ventunesimo	twenty-first

ventiduesimo	twenty-second
trentesimo	thirtieth
quarantesimo	fortieth
cinquantesimo	fiftieth
sessantesimo	sixtieth
settantesimo	seventieth
ottantesimo	eightieth
novantesimo	ninetieth
centesimo	hundredth
centoventesimo	hundred and twentieth
duecentesimo	two hundredth
millesimo	thousandth
ultimo	last
una cifra	figure
un numero	number

---

una trentina/una cinquantina/un centinaio/un migliaio
about thirty/about fifty/about a hundred/about a thousand

mille euro one thousand euros	**un milione/due milioni di sterline** one million/two million pounds
una volta/due volte/tre volte once/twice/three times	**il cinquanta per cento** fifty percent
due virgola tre (2,3) two point three (2.3)	**5.359** 5,359
Enrico VIII (Ottavo) Henry VIII (the Eighth)	**Giovanni Paolo II (Secondo)** John Paul II (the Second)

62 LE QUANTITÀ
QUANTITIES

calcolare	to calculate
contare	to count
pesare	to weigh
misurare	to measure
stimare	to estimate
spartirsi	to share
dividere	to divide
distribuire	to distribute
riempire	to fill
(s)vuotare	to empty
togliere	to remove
diminuire	to lessen
ridurre	to reduce
abbassare	to lower
aumentare	to increase
aggiungere	to add
bastare	to be enough
niente	nothing
nulla	nothing
tutto	everything
tutto il/tutta la ...	all the ..., the whole ...
tutti i/tutte le ...	all the ..., every ...
oguno/a	everybody
nessuno	nobody
qualcosa	something; anything
qualche	some, a few
parecchi/parecchie	several
ogni	each, every
poco/a	little

pochi/e	few
un po'	a little
un po' di	a little bit of, some
molto/a	a lot, much
tanto/a	a lot, much
molti/e	many, lots of
tanti/e	many, lots of
non ... più	no more
più (di)	more
meno (di)	less
la maggior parte (di)	most
abbastanza	enough
troppo	too much
circa	about
quasi	almost
più o meno	more or less
appena	scarcely, just
proprio	just
esattamente	exactly
approssimativamente	roughly
al massimo	at the most
ancora (una volta)	(once) again
solo	only
soltanto	just, only
almeno	at least
l'intero	the whole
la metà (di)	half (of)
un quarto (di)	a quarter (of)
un terzo (di)	a third (of)
uno e mezzo	one and a half
due terzi	two thirds
tre quarti	three quarters
raro	rare
numeroso	numerous
innumerevole	innumerable
uguale	equal

disuguale	unequal
supplementare	extra
pieno	full
vuoto	empty
unico	single
doppio	double
triplo	treble
un mucchio (di)	a heap (of)
un pezzo (di)	a piece (of)
una fetta (di)	a slice (of)
un bicchiere (di)	a glass (of)
un piatto (di)	a plate (of)
una scatola (di)	a box (of)
un cucchiaio (di)	a spoonful (of)
un pizzico (di)	a pinch/bit (of)
un pugno (di)	a handful (of)
un paio (di)	a pair (of)
una gran quantità (di)	a large number (of), lots (of)
una massa (di gente)	a crowd (of people)
una parte (di)	a part (of)
una (mezza) dozzina (di)	(half) a dozen
centinaia	hundreds
migliaia	thousands
il resto (di)	the rest (of)
la quantità *(inv)*	quantity
un numero	number
l'infinito	infinity
la media	average

i pesi e le misure

weights and measurements

un'oncia	ounce
un grammo	gram
cento grammi, un etto(grammo)	a hundred grams
un etto(grammo)	a hundred grams
una libbra	pound

un chilo	kilo
una tonnellata	ton
un litro	litre
una pinta	pint
un centimetro	centimetre
un metro	metre
un chilometro	kilometer
un miglio	mile

una lattina di Coca®
a can of Coke®

mezzo litro di latte
half a litre of milk

a cinque chilometri (da qui)
five kilometres away

non rimangono molti soldi
there isn't much money left

sono rimaste ferite molte persone
many people were injured

Inf **ho una montagna di compiti!**
I've got tons of homework!

abbiamo passato la maggior parte del tempo a litigare
we spent most of the time arguing

ha bisogno di un po' di attenzione
he/she needs a little attention

ha bisogno di poca attenzione
he/she needs little attention

Note

To talk about being accompanied by a certain number of people, Italian uses the construction **essere in** + adjective/numeral:

eravamo in molti/pochi/dieci
there were few/many/ten of us
(lit. 'we were few/many/ten')

See also section

61 NUMBERS.

63 PER DESCRIVERE LE COSE

DESCRIBING THINGS

la misura	size
la dimensione	dimensions, size
la larghezza	width, breadth
l'altezza	height
la profondità *(inv)*	depth
la bellezza	beauty
l'aspetto	appearance
la forma	shape
una qualità *(inv)*	quality
un difetto	defect
un vantaggio	advantage
uno svantaggio	disadvantage
grande	big, large, tall
piccolo	small, short
enorme	enormous
minuscolo	tiny
largo	wide, large
stretto	narrow
spesso	thick
grosso	big, large; thick
sottile	thin
snello	slim
piatto	flat
profondo	deep
superficiale	shallow
lungo	long
corto	short

alto	high, tall
basso	low, short
delizioso	lovely
incantevole	charming
bello	beautiful, handsome
buono	good
migliore	better
il migliore	the best
carino	pretty, cute
meraviglioso	marvellous
stupendo	wonderful
magnifico	magnificent
fantastico	fantastic
notevole	remarkable
eccezionale	exceptional
straordinario	extraordinary
eccellente	excellent
ottimo	excellent
perfetto	perfect
brutto	ugly; bad
cattivo	bad
mediocre	mediocre
peggiore	worse
il peggiore	the worst
pessimo	very bad, awful
spaventoso	appalling
orrendo	dreadful
leggero	light
pesante	heavy
duro	hard
solido	firm, solid
lucido	shiny
scintillante	sparkly
robusto	sturdy

63 Per Descrivere Le Cose

soffice	soft
tenero	tender
delicato	delicate
fine	fine
liscio	smooth
caldo	warm, hot
freddo	cold
tiepido	lukewarm
asciutto	dry
bagnato	wet
umido	damp
liquido	liquid
semplice	simple
complicato	complicated
difficile	difficult
facile	easy
pratico	handy
utile	useful
inutile	useless
qualunque	ordinary
insolito	unusual
vecchio	old
antico	ancient
nuovo	new
moderno	modern
fuori moda	out of date
fresco	fresh, cool
pulito	clean
sporco	dirty
disgustoso	disgusting
logoro	worn out
rotto	broken
di ottima qualità	top-quality
di cattiva qualità	poor-quality

curvo	curved
d(i)ritto	straight
rotondo	round
circolare	circular
ovale	oval
rettangolare	rectangular
quadrato	square
triangolare	triangular
molto	very
tanto	very
troppo	too
abbastanza	quite
piuttosto	rather
bene	well
male	badly
meglio	better
il meglio	the best

---

com'è?
what's it like?

a cosa serve?
what's it for?

è largo/lungo 10 cm
it's 10 cm wide/long

il muro è spesso 20 cm
the wall is 20 cm thick

l'acqua è alta solo 60 cm
the water is only 60 cm deep

cos'è quella cosa blu?
what's that blue thing?

è una specie di armadio
it's a sort of cupboard

Inf **dov'è finita quella specie di chiave?**
where's that spanner thingy gone?

Note

Many Italian words can be modified by adding a suffix to the end.

★ Some suffixes can be added to adjectives and adverbs for emphasis, meaning 'very':

altissimo/a
very tall

tardissimo
very late

Adverbs with the diminutive suffix -ino usually express the notion of 'not very':

benino
quite well

prestino
quite early

★ There are various types of suffixes that can be added to nouns, each with a different function:

diminutivi (smaller size)
eg -ino/a, -etto/a
vezzeggiativi (liking)
eg -uccio/a

accrescitivi (larger size)
eg -one/a
peggiorativi (dislike, disapproval)
eg -accio/a, -astro/a

For example:

un nasino/nasone
a little/big nose

il mio fratellino
my little brother

il mio tesoruccio
my little darling

un tempaccio
foul weather

una borsetta/borsona
a little/big bag

un gattone
a big cat

un giovinastro
a nasty young man

Note, though, that suffixes can sometimes change their meaning depending on the context:

Note —cont'd

mammina
dear mum
(affectionate, not
diminutive)

ragazzaccio
naughty boy
(-**accio** used ironically)

★ Note that some words look as if they have a suffix added,
but are actually words in their own right:

il bambino/la bambina
child

il torrone
nougat

il violino
violin

il fratellastro
half-brother

See also section

64 COLOURS.

64 I COLORI
COLOURS

un colore	colour
arancio *(inv)*, arancione	orange
azzurro	sky blue
beige *(inv)*	beige
bianco	white
blu *(inv)*	blue
color carne *(inv)*	flesh-coloured
d'argento *(inv)*	silver
dorato	golden
d'oro *(inv)*	gold
giallo	yellow
grigio	grey
malva *(inv)*	mauve
marrone *(inv)*	brown
nero	black
rosa *(inv)*	pink
rosso	red
turchese	turquoise
verde	green
viola *(inv)*	purple
vivace	bright
pallido	pale
scuro	dark
chiaro	light
verde chiaro/scuro	light/dark green
in tinta unita	plain, all one colour
multicolore	multicoloured

di che colore è?
what colour is it?

qual è il tuo colore preferito?
what's your favourite colour?

è azzurro/a
it's pale blue

è rossiccio(a)/verdastro(a)
it's reddish/greenish

ho comprato una maglietta rosa acceso
I bought a bright pink t-shirt

65 I MATERIALI
MATERIALS

vero	real
naturale	natural
sintetico	synthetic
artificiale	artificial
finto	fake
elasticizzato	stretchy
morbido	soft
rigido	stiff
comodo	comfortable
scomodo	uncomfortable
la terra	earth
l'acqua	water
l'aria	air
il fuoco	fire
il materiale	material, substance
la sostanza	substance
una materia prima	raw material
la pietra	stone
la roccia	rock
il minerale	mineral
le pietre preziose	precious stones
il cristallo	crystal
il marmo	marble
il granito	granite
il diamante	diamond
l'argilla	clay
l'ardesia	slate
il carbone	coal, charcoal

il petrolio	oil, petroleum
il gas *(inv)*	gas
il metallo	metal
l'alluminio	aluminium
il bronzo	bronze
il rame	copper
l'ottone *(m)*	brass
lo stagno	tin
il ferro	iron
l'acciaio	steel
il piombo	lead
l'oro	gold
l'argento	silver
il platino	platinum
il fil di ferro	wire
il legno	wood
il pino	pine
il bambù	cane, bamboo
i vimini	wickerwork
la paglia	straw
il compensato	plywood
il cemento (armato)	(reinforced) concrete
il cemento	cement
un mattone	brick
il gesso	plaster
lo stucco	plaster
la colla	glue
il vetro	glass
la terracotta	earthenware
la ceramica	baked clay
la porcellana	china, porcelain
il cartone	cardboard
la carta	paper
la plastica	plastic

la gomma	rubber
la cera	wax
il cuoio	leather
la pelle	leather
la pelle scamosciata	suede
la pelliccia	fur
il cotone	cotton
il lino	linen
il denim	denim
il pizzo	lace
la seta	silk
il raso	satin
la lana	wool
il cachemire *(inv)*	cashmere
l'acrilico	acrylic
il nailon *(inv)*	nylon
il poliestere	polyester
la Lycra®	Lycra®
il pile	fleece
una fibra sintetica	man-made fibre
la tela	canvas
il tweed *(inv)*	tweed
il velluto	velvet; velours
il velluto a coste	cord

---

questa casa è fatta di legno
this house is made of wood

un cucchiaio di legno
a wooden spoon

una gonna jeans
a denim skirt

l'età del ferro
the Iron Age

ho comprato della stoffa da tende
I bought some curtain material

questa giacca è di pelliccia finta
this jacket is fake fur

---

66 LE DIREZIONI
DIRECTIONS

perdersi	to get lost
essersi perso	to be lost
conoscere la strada	to know the way
guardare la cartina	to look at the map
chiedere	to ask
indicare	to show, to point out
mostrare	to show
prenda	take
continui	keep going
segua	follow
oltrepassi	go past
ritorni	go back
giri a destra/a sinistra	turn right/left

le direzioni — directions

la sinistra	left
la destra	right
a sinistra	on/to the left
a destra	on/to the right
sempre d(i)ritto	straight ahead
dove	where
sopra	on; above
sotto	under
lungo	along
accanto a	beside, next to
vicino a	beside, next to
in mezzo a	in the middle of
davanti a	in front of
di fronte a	in front of; opposite

dietro a	behind
in fondo a	at the end/bottom of
dopo	after
dopo il semaforo	after the traffic lights
appena prima di	just before
per ... metri	for ... metres
al prossimo incrocio	at the next crossroads
la prima a destra	first on the right
la seconda a sinistra	second on the left
i punti cardinali	**the points of the compass**
il sud	south
il nord	north
l'est *(m)*	east
l'ovest *(m)*	west
il nordest	north-east
il sudovest	south-west

mi può indicare la strada per la stazione?
can you tell me the way to the station?

come faccio per andare al teatro dell'Opera?
how do I get to the Opera House?

mi può far vedere dov'è sulla cartina?
can you show me on the map?

è lontano da qui?	**a dieci minuti da qui**
is it far from here?	ten minutes from here
a 100 metri da qui	**a sud di Padova**
100 metres away	south of Padua
Sicilia è a sud dell'Italia	**Barì è nel sud dell'Italia**
Sicily is to the south of Italy	Barì is in the south of Italy
ci siamo persi del tutto	**non ho il senso dell'orientamento**
we're totally lost	I've got no sense of direction

INDEX

Note that entries refer to chapter numbers rather than page numbers

Miami Dade College
Hialeah Campus, Miami FL

DATE DUE

WITHDRAWN